国家视野下的国际法理论研究

Research on International Law from the Perspective of National Laws

方熠◎著

中国法制出版社
CHINA LEGAL PUBLISHING HOUSE

目录

CONTENTS

第一章

国际法基本理论

第一节 | 国际法的理论体系

一、导言

国际法这个概念最早以拉丁文jus gentium的形式出现在西方法律文献中，用于指代调整国家之间关系的万民法，但该词语最初的语义是适用于一切人的法，并且从罗马法体系看，其指代的是私法而不是公法。有“国际法之父”美誉的荷兰法学家格劳秀斯在其享誉内外的著名著作《战争与和平法》中，就使用jus gentium一词来描述调整国家间关系的意志法律，因此赋予了其公法的性质。之后，这一术语的含义不断地扩大，具有万国法的性质。到了晚清政府时期，中国也开始从西方接受国际法概念，并将国际法命名为万国公法，把国际法法律移植到中国。

如今我们通常使用“international law”一词来代指国际法。这一词最早由英国法学家、哲学家边沁在其著作《道德和立法原理导论》中提出，并逐渐得到广泛的认同，成为国际上通用的英文名称。其实到目前为止，学界上对于国际法还没有形成统一的官方或理论定义。不同国家也基于各国的历史背景、文化差异，对国际法的理解各不相同。尽管各国在定义国际法上有理解和表达的差异，但大体上都将国际法视为调整国家关系，维护国家利益的规则法律。吉林大学法学院院长何志鹏教授将其概括总结为是国家利益的制度化表达，包括三个重要因素：国家利益、规则手段和国际关系。其中，国家利益包括国家自身利益、国家间利益以及政府团体利益。规则手段的表达方式包括军事进攻、经济合作、文化交融等。

新国际法定义和传统对国际法的定义，即国际法指调整国家间、国家与国际组织之间、国际组织之间、国家与特殊个人之间、国际组织与特殊个人之间关系的法律总称相比较，有了很大的进步。因为传统定义具有一定的局限性。具体而言，随着时代的发展，国际法主体的种类会不断变化。起初，国际法的主体只有国家，但随着19世纪末国际组织和跨国公司的不断发展和壮大，国际法的主体又包含了国际组织。之后，一些具有特殊身份的个人也被视为国际法主体的一部分。因此，这种列举定义的方法，并不适合日新月异的国际法领域。新国际法定义突破了这样的限制，更重要的是新国际法理论意识到国际法的本质是规则的确立。也就是说国家之间、国家与国际组织之间，都可以确立规则并在规则的指引下，规范行为体的相关行为，并确立相应的监督模式。对于没有按照规则进行活动的行为，国际上所确立的规则也会有所回应。

和其他方式相比，规则手段增加了可预期性，国际法行为体可以预测相应行为的法律后果。因此，规则手段像成文法一样，形成相应的法律框架，约束了行为主体的相关行为，从而增加国际社会的稳定性。更重要的是，规则手段可以增加国际谈判的机会，加强沟通，从而高效地解决很多国际争端。当然规则手段并不是完美的手段，和其他手段相比，其在一些方面也具有一定的局限性。其中，最为主要的局限性就是规则手段和军事进攻、经济制裁等强制性手段相比，具有较弱的强制约束力。

二、国际法的特殊性

和国内宪法体系法比较，国际法具有一定特殊性。第一，国际法是初级法。国际法是初级法就意味着国际法并不是全球性的法律，而仅仅是针对某些国家、地区，或针对某些事项、问题确立的特别规则。因此，国际法并没有普遍的强制约束力，仅仅是跨国性的法律。

第二，国际法是协定法。由于国际社会一直以来处于无政府状态而不存在超国家的概念，因此，世界范围内也没有一个自上而下的政府机构设立专门的机构制定法律。这样的背景下，国际法的确立是在各国地位平等、主权平等的前提下协商的结果。相比较而言，国内法是由一国专门的立法机构或者部门制定的，并且这些法律法规一经作出就具有约束力且不可以排除适用。

第三，国际法是平位法。平位法是指国际法体系中不存在法律位阶，各法律之间地位平等。而国内法中往往会设置较为清晰的法律位阶，比如宪法往往在一国的法律体系中享有最高的法律位阶，其他的部门法都不能违背宪法。

第四，国际法是弱法。因此，国际法本身不具有强制约束力。上文提到由于国际社会长期处于无政府状态，因此国际上并没有像国内具有直接对国家行使强制性管辖权的约束机关和执行机关，监督各国对国际法的执行。此外，国际实践中，国际法很多时候显现的本质是国家间政治权益的较量，从而导致强国往往会成为国际法的例外，而弱国则只能遵守强国之间制定的规则。

正是基于国际法的这些特殊性，以奥斯丁为代表的学者就提出了“国际法不是法”的观点，甚至认为国际法为国际道德。其实，这样的观点是失之偏颇的。因为国际法的这些特殊之处是和国内法相比较的，而国内法的特征只能代表一部分法律的基本特性。不能以偏概全，这样的观点存在严重的逻辑错误。其实从法理学角度出发，法的本质就是调整社会关系，规范行为体的行为，具有一般性的指引。显然国际法是满足这样的基本特征的。因此，国际法属于法律的范畴。

作为一种法律命令，总的来说，国际法性质包括三点：第一，国际法具有法律性。因为国际法是用于调整国际关系的法律，因此，国际法是适用于国际社会的法，从而具有法律约束力，和国际道德规范或者“软法”有本质的区别。第二，国际法具有普遍性。如前文所述，国际法的普遍性并不意味着国际法是全球法，但随着国际法确立的规则逐渐发展，被各国普遍地接受和认可，当今国际法具有一定普遍性。众所周知，近代国际法有欧洲国际法之称，是在1648年结束欧洲三十年战争，由威斯特伐利亚公会通过的《威斯特伐利亚和约》为开端的。该和约标志着罗马帝国“世界主权”的结束和民族国家主权的诞生。因此，早期欧洲各主权国家构成了最早的国际社会。国际法之初就是调整欧洲各国关系，通过习惯和条约逐渐发展起来的。但随着第一次世界大战的结束，传统的国际法变成“现代”的国际法，调整除欧洲之外，美洲、亚洲、非洲等国，具有普遍性的法律。《常设国际法院规约》和《国际法院规约》共同第9条也明文承认了“世界各大文化及各主要法系”的贡献，欧洲公法也转变为属于全世界性质的国际法，即普遍国际法。当代国际法也是以《联合国宪章》宗旨和原则为基石，对所有国家适用。第三，国际法的强行法。民法最基本原则是意思自治，但意思自治的范围是有限的，即不能违背公序良俗。因为公序良俗本质是不能处置的强行法。国际领域中类似这样的法律就是国际强行法。一般来说，国际法中各国总体可以通过约定的方式处置权利义务，但国际公共秩序是不能通过条约或者其他方式进行处置的，因为国际强行法的目的在于维护国际社会普遍认可的利益和价值，是一种特殊的原则和规范。

国际强行法这个概念第一次在公约中体现是在1969年签订的《维也纳条约法公约》。依据该公约第53条，强行法具有普遍性、强制性和优先性的特点。国际强行法的普遍性体现在国际强行法被国际社会普遍性地接受，包括通过条约或者习惯的方式进行明示或者默认。国际强行法的强制性体现在如果国际行为体的行为违反了国际强行法，则其行为后果无效并可能承担相应后果。国际强行法的优先性是指国际强行法具有更高的法律约束力。值得注意的是，在国际法体系中，强行法是例外而非原则。因为国际法规则一般属于协定法范围，各国之间可以通过合意行为加以更改、克减，而国际强行法是不容克减的。关于国际强行法的具体内容仍然不明确。根据国际法委员会的建议，国际强行法应当包括禁止种族灭绝、禁止海盗、禁止奴役等基本内容。但现实中，国际强行法发挥的作用仍然是非常有限的，因为国际社会没有一个超政府组织，没有办法对国际强行法进行认定和监督。

三、国际法与国内法的联系

对于国际法与国内法的联系可以从理论与实践两个方面理解。理论层面，国际法学者对国际法与国内法的联系主要有一元论和二元论。一元论认为国际法与国内法隶属于同一法律体系。一元论学说的起源可以追溯到中世纪，随着国际社会的发展，一元论学说又根据法律位阶的不同，派生出两种理论观点，即国内法优先说和国际法优先说。国内法优先说在英美法系学者中普遍被接受，即从法律社会运作的角度出发，认为国际法本质是本国所承认和接受的对外关系规则的总和，美国的“政策定向法学派”正是其中的代表。因此，国际法在本国产生效力的前提是获得本国的认可和遵从，隶属于国内法。国际法优先说认为，在同一法律体系中，国际法的地位高于国内法，在效力上国内法依靠国际法。这种学说认为国际法律秩序应高于国内法律秩序，是在国家法的金字塔的顶端，是奥地利裔作家凯尔森提出的理论观点。荷兰国家的法律体系在实践中就是采用了国际法优先说。

二元论又称为国际法与国内法平行说。二元论是在19世纪末期发展起来的，其倡导者主要包括德国学者特里佩尔和意大利学者安齐洛蒂。二元论认为国际法与国内法隶属于不同的法律体系，其中国内法是由一国政府所确立的规则，属于内部体系。而国际法是处理国家间的关系，包括领土、海洋、外交等领域，属于外部的规则。不仅如此，两者的法律渊源不同，主要在于国内法的渊源是国内立法而国际法的渊源是国际习惯与条约。除此之外，两者调整的社会关系不同。国内法调整的是国家管辖内的个人之间的关系或国家与其国民的关系，而国际法调整的是国家间的关系。最后，国际法与国内法的法律本质不同。国内法是统治者对公民的上级对下级的法律，而国际法主要是主权国家之间的法律，属于平行法。二元论很大程度上关注到了国际法和国内法的不同而具有合理之处。但二元论却忽视了两者内在转化的关系，这也是当代国际法学者在国内法与国际法关系中的新发展。

各国实践层面也有一元论与二元论区别。实践中，倡导一元论中国际法优先说的是荷兰。但需要注意的是，实践中，荷兰的立法机构或者是其司法机关仍然可以宣布某条国际条约违反荷兰的宪法。因此，从某种程度上看，那些倡导二元论国家的做法，本质上也采用了国内法优先说，认为国际法的生效以国家认可为前提，也就是国内法与国际法的转换关系。为了更加明确清晰，很多国家在其宪法中明确规定了国内法与国际法是否属于同一法律体系，以及适用时的优先次序问题。但我国宪法中没有明确的规定，因此，我国主张国际法与国内法的关系需要联系其他部门法中的有关规定推定适用。

四、国际法与国际经济法和国际私法的关系

随着国际法理论的成熟及其体系的完整，学者对国际法进行了更为详细的分类，即现在的“三国法”：国际公法、国际私法，以及国际经济法。前文讲过，国际法是调整一切上升至国家利益的国际关系，这也是国际公法的含义。而如果将国际法更为详细地划分，从“三国法”角度进行区分，国际经济法则是调整跨越国境的经济关系的总称，所以国际经济法又叫国际商法。值得注意的是，国际经济法调整的国际关系没有上升至国家利益，如果上升至国家利益则是国际公法调整的内容。

国际私法调整的内容是跨越国境的私人关系，所以国际私法和国际公法没有过多的联系。但也有例外。比如，国际公法中关于私人法律地位的规定，如国民待遇、国家豁免等。又如通过国际条约的方式规定国际私法的问题，如《联合国国际货物销售合同公约》。

因此，三国法的联系大致可以理解为，国际经济法很大程度上属于国际私法，即跨越国境的私人交易。而国际经济法也有一部分是国际公法，即调整的内容是国际经济领域且又上升至国家利益。当然国际经济法也有一部分既不是国际公法也不是国际私法的内容，如涉外经济管理规范。

第二节 | 国际法主体

一、导言

国际法主体就是有国际法律人格的行为体，即享有权利、承担义务、履行责任、参与国际法行为的个人或组织。下面就从享有权利、承担义务、履行责任以及参与国际行为行动四个要素分析国际法主体。第一，享有权利。不同国际法享有的权利是不同的，可以是诉权行动，也可以是拥有财产。其中，国家享有的权利主要是国家主权，包括平等、独立、管辖等内容。第二，承担义务。国际法主体承担的义务是和权利辩证统一的。比如，一国享有国家独立权，其他国家有不干预内政的义务。第三，履行责任。如果国际法主体没有尊重权利，或者违背义务，就需要承担责任。目前国际法的责任主要包括国家责任、国际组织责任以及个人刑事责任。第四，参与国际法行为行动。这体现了国际法主体的行为能力，包括参与国际会议、参与国际诉讼、参与国际仲裁等。

二、国家

早期，国际法主体只有国家。也就是说国家曾经是国际法的唯一主体。虽然现代国际法主体的范围有所扩大，但是，国家仍然是国际法的基本主体，可以说“无国家，无国际法”。因为无论是国际法规范的形成和发展，还是国际法规范的遵守和实施，国家都发挥着不可替代的主导作用。国家作为国际法主体的权利义务、责任等会在后面的章节详细介绍，此处不再赘述。

三、政府间国际组织和争取独立的民族

第二类国际法主体是政府间国际组织和争取独立的民族。这类是国际法的被动主体。其中，政府间国际组织是国际社会发展至某个阶段在某些方面进行合作的一种重要组织形式和法律形式，并随着政府间国际组织的发展，逐渐被承认为具有国际法主体资格的国际法主体之一。但与国家相比，国际组织的国际法主体地位是有限的、派生的。因为国际组织不是国家，其权利能力和行为能力是成员国通过协议赋予的，并且其活动范围也仅限于组织章程规定的范围。

国际法上争取独立的民族主要指代一个民族从事反抗外来统治、争取独立与解放的政治实体。争取独立的民族一般已符合实际控制一定区域的领土并有一定政治组织和机构作为国际上的代表，实践中，争取独立的民族可以有不同的名称，比如民族解放组织、民族解放阵线、民族解放军和临时政府等。作为国际法主体，争取独立的民族是随着20世纪民族解放和独立运动的发展而逐步得到承认的，它的法律基础是人民自决权。但是，争取独立的民族不能与国家相比拟，它只是一种过渡型“国家”，是正在形成中的国家，因而是一种特殊的国际法主体。也正因如此，一些西方学者并不承认其国际法主体地位。例如，巴基斯坦解放组织在1964年成立后，在一些国家设立了使团和驻外机构，得到了一些国家的承认，但对这样一个争取独立的民族一些国家仍不予承认，不赋予其国际法主体资格。

四、非政府组织和个人

第三类国际法主体是非政府组织和个人。其中，非政府组织包括跨国公司、企业、非营利组织等。随着国际法的发展，非政府组织已然具有特别强的国际能力和影响力。比如，红十字会国际法委员会可以直接召开国家间的国际会议并要求各国采取行动，并可以依据《日内瓦公约》到发生武装冲突

的地方进行救援。因此，非政府组织可以在国际社会发声和采取行动，从而在新国际法理论中被视为具有国际法主体资格。

跨国公司随着其财力和影响力的不断提升，对于其国际法主体地位，国际上也有广泛讨论。但目前国际法主流观点仍然认为跨国公司没有取得国际法主体资格。比如，有学者指出国际法上的跨国公司在某些情形下和国家享有平等的地位，在投资仲裁领域中，跨国公司和东道国以平等地位参与仲裁，进行纠纷解决，因此享有国际法主体的资格。但是，对于这种说法，也有学者指出，跨国公司在这种情形下不是上升到和国家一样的地位，而是国家降格为法人。因此，跨国公司虽然在国际法上的地位和影响力明显提升，但是从主流学说上看，仍然没有取得国际法主体资格，只是有资格和国家按照国际法规则在国际司法机构进行争端解决。

关于个人是否具有国际法主体资格是一个争论的问题。目前有否定论、唯一主体论和特殊主体或部分主体论三种观点。如果从国际法主体资格要素出发观察，个人也应当是某种特殊的国际法主体。第一，个人可以根据国际法享有某些权利。比如，国际人权法上就要求国家在保护人权方面向国际组织、国际社会定期提交报告。国际组织也会针对报告进行提问和评估。在国际人权条约中，个人可以向国际机构提供文件，申诉国家侵犯人权的权利。因此，在国际人权法领域，个人享有国际法上的权利较为突出和明显。第二，个人在国际法上也承担部分国际法责任。比如，在国际强行法领域，像劫持航空器罪、海盗罪、恐怖主义罪以及种族灭绝罪等都是由犯罪嫌疑人个人承担相应的国际刑法的责任，因为国家承担国际刑事责任基于国际社会的无政府状态而构成事实上的不可能。第三，个人还可以参与国际法行动，例如，联合国前秘书长调停国际争端。因此，当前一些国际法学者主张个人是国际法的主体。比如，《奥本海国际法》中明确了国家可以将个人或其他人格视为直接被赋予国际权利和义务的国际法主体。但是，个人应当理解为特殊的国际法主体，因为其并不能正式参与国际法的创制，即制定国际法。因此，个人在国际法律体系中是处于从属地位的特殊国际法主体。

第三节 | 国际法的发展及主流理论学说

一、国际法的发展

国际法的发展可以大致分为以下几个时期。第一个时期，古代国际法时期。这是国际法的萌芽时期，产生于古希腊、古罗马，用于调整城邦之间的关系。这个时期的国际法以战争为主。古代国际法的一些历史资料和遗迹可以在《韩非子》《战国策》以及《荷马史诗》中找到。这个时期的国际法和当代国际法有着本质不同，首先，古代国际法没有如今国际法的理论体系和结构框架，过于零星。其次，古代国际法没有延续性。因为在这个时期的国际法往往只能适用于当时的国际环境，而不能在之后的国际关系中被继续沿用。第二个时期是17世纪。在这个时期，出现了相对成熟的国际法和一些国际法的基本原则，比如主权平等、外交原则等，都在《威斯特伐利亚和约》中有所体现。因此，可以说国际法的起源和发展主要在西方国家。第三个时期是18世纪到19世纪。这个时期国际条约不断增加，国际组织也不断壮大并逐渐取得国际法主体的资格。然而“一战”打破了这样的国际法格局。到了20世纪，国际法进一步倡导以法律规则处理争端，国际社会建立了国际联盟以更好地促进国际合作和推动国际发展。与此同时，也可以对国际法行为体的不当行为进行管理约束。但是由于没有大国的支持，国际联盟的建设形同虚设。“二战”后，国际社会进一步强调国际规则。由此建立了联合国，并通过了《联合国宪章》，将人权、平等、和平等原则纳入其中。联合国的建立对国际社会的发展起到了一定的推动作用，但随着1945年冷战的开始，联合国内部也出现了分派的情形。如今，国际社会逐步向逆全球化发展。

二、国际法主流学派

目前，关于国际法的本质有三种主流学派。第一是自然法学派。自然法学派认为国际法本质是先验的规则，神定的规则。该理论是早期民族国家成立后，摆脱教皇统治而产生的民主思想理论，但其内容仍然受到罗马帝国时期天主教统治的影响，鼓励从自然规则中寻找真理，区别于人定的规则。自然法学派认为国际法产生效力的源泉就在于人的自然理性。自然法学派理论在“二战”后得以进一步发展和运用，即由于人定的规则无法认定日本和德国的一些犯罪行为，就使用了自然法学派理论，寻求自然法中的良知和真理进行定罪。现如今仍然有使用自然法学派理论的典型案例，比如，联合国安理会在处理叙利亚问题时也用到了自然法学派理论。尽管如此，随着条约法的成熟与发展，自然法学派理论的法律地位并不再是构成当今国际法效力的主要来源，而是对实在法学派的一种重要补充。

第二是实证法学派。实证法学派认为国际法本质是国家实践，是国际法目前的主流学派。随着国际法实践的逐步增多，之前完全需要依靠头脑中的自然正义而判断是非的时代得到改变，法学家逐步开始依据国际社会形成的约定解决问题，从而过渡到了实证法学派时期。由于实证法学派鼓励遵从国家间约定，从国家实践出发，因此大大地增加了国家法的可预测性。同时，也使得国际法更加科学化和技术化，成为当今得到广泛认同的主流学说。实证法学派认为国际法产生效力的依据在于国家的共同意志。

第三是社会法学派。社会法学派主张将法律放到国际社会整体环境思考，认为国际法和一国的外交利益、立场、文化紧密相连。美国的政策定向法学派就是一个代表，他们认为国际关系就是国际文化的一种。

三、国际法基本理论

目前，关于认知国际关系也有三种理论。第一种是现实主义理论，该理论认为国际关系以国家权力为中心。现实主义理论又分为古典现实主义理论和结构现实主义理论。古典现实主义理论的代表是摩根索。在其著作《国家间政治》一书中就提出了国际法只有在符合国家间权力配置的对比才有用，否则就是无用的。比如，国际公约虽然生效，但在现实中却难以约束大国。而结构主义理论本质认为国际关系就是权力配置。现实主义理论有一定的合理性，却忽视了国际法的发展趋势。因为，随着国际法的发展，国家间的关系不仅仅有权力竞争，还有国际合作等更为综合的国际关系。

第二种是自由主义理论。自由主义理论认为国际关系的本质是国家利益。自由主义理论认为国家间不仅为权力而斗争，同时也为国家利益而合作。国家间通过合作达到维护国家利益的目的。这里的国家利益不仅包括了国家权力，也包括了经济收益。自由主义理论还认为，国家合作的最好方式就是制定规则，因为规则使得合作行为的结果更可预期。因此，自由主义理论倡导建立规则体系，鼓励谈判，从而获得国际社会的广泛认可。

第三种是建构理论。建构理论认为国家间的行为和其观念直接相关。也就是说，建构理论认为国际关系本质就是国际身份的认同。例如，美国政府对朝鲜进行核武器试验反感、担忧的本质是美国对朝鲜的国际身份的负面评价。所以，建构理论认为一个国家如何看待另一个国家的行为主要取决于这个国家的观念价值。一般情形下，如果一个国家普遍遵守国际法，那么这个国家往往更容易被其他国家认可。因此，从这个角度理解，国际法也是国际社会进行身份认同的标准之一。

四、国际法基本原则

国际法基本原则是国际法发展到一定阶段的产物，体现了国际社会的规则性发展。目前，学界对国际法基本原则是否存在有争议。同意国际法原则存在的学者普遍将《联合国宪章》中的关于国际社会的基本规定视为国际法原则。因此，他们认为1945年的《联合国宪章》的颁布对国际法基本原则的发展具有里程碑的意义，即首次明确规定了联合国及其会员国应当遵守的基本规范。虽然该宪章没有用“国际法基本原则”这个术语，但各国的国家实践已表明，宪章原则已被普遍接受并发展成了国际法的基本原则。但在西方国际法中，很少有学者同意存在国际法基本原则的概念，在《奥本海国际法》这样的名著中也未提及这样的理论。

国际法基本原则理论主要在中国和苏联学者中进行广泛讨论，认为国际法基本原则的核心部分是由《联合国宪章》中所确立的国际法原则组成。依据《联合国宪章》第2条，联合国及其会员国应当遵守七项原则：（1）各会员国主权平等原则；（2）善意履行宪章义务；（3）和平解决国际争端；（4）禁止使用武力或武力威胁；（5）集体协助联合国行动和不得协助联合国行动所针对的国家；（6）确保非会员国遵行宪章原则；（7）不干涉任何国家国内管辖事件。除了《联合国宪章》中规定的基本原则，由中国政府提出的和平共处五项原则也是国际法基本原则中的重要内容。和平共处五项原则与宪章原则密切联系。这五项原则是指：互相尊重主权和领土完整，互不侵犯，互不干涉内政，平等互利，和平共处。通过内容可以看出，和平共处五项原则在很大程度上被《联合国宪章》所包含。因此，和平共处五项原则自提出后，迅速得到了世界许多国家的认同，并体现在一系列的双边和多边国际法律文件当中，成为指导国家与国家关系的基本准则和国际法基本原则。

第二章

国际法的渊源及编纂

第一节 | 国际法的渊源体系

一、导言

学理上曾对国际法渊源的含义有所辨析和讨论。《奥本海国际法》认为，“法律渊源”是指行为规则，具体表现形式是发生和取得法律效力的历史事实。在国际法领域，国际法的法律渊源可以此划分为形式渊源与实质渊源。其中，形式渊源是指国际法规则产生其有效性的渊源，实践中可以通过求索而得的法律渊源，而实质渊源是国际法规则的实质内容的出处，属于抽象的概念。国内法学者周鲠生同意这样的划分形式，在其《国际法》一书中提出，国际法渊源因此而具有两层意义，第一层意义在于国际法作为有效的法律规范所形成的方式或者程序，而第二层意义是国际法规范第一次出现的处所。因此，周鲠生教授认为国际法渊源的第二层意义赋予了国际法渊源历史渊源的意义。对于国际法渊源的理解，国内法学者也有不同的观点，比如王铁崖教授没有对国际法渊源进行划分，他认为法律渊源在法理学上指法理原则、规则和制度第一次出现的地方，因此国际法领域中，其渊源可以理解为国际法作为有效规范所形成的方式或程序。目前，学界仍未对国际法渊源的含义达成共识。

实践中，关于国际法渊源的具体概念，各国有不同的理解。简而言之，都将国际法渊源看作国际法的具体表现形式，也是认识和使用国际法的基础。基于这样的理解，我们可以推定，国际法渊源的作用在于了解国际法的具体形式，实践中也可以判定什么是国际法，什么不是国际法。类比国内法，要想了解一个国家国内的法律体系，通常通过了解该国内的宪法体系，从而明确什么是这个国家的法律，什么不是。但是由于国际社会缺乏一个自上而下的机构制定类似国际法中的宪法体系，因此对国际法的了解就需要通过研究国际法的渊源。这也是目前学理界和实践中研究和适用国际法的意义所在。依据《国际法院规约》，目前国际法的渊源主要包括条约、习惯以及其他辅助渊源。下面就从这三个方面了解国际法渊源的理论和新发展。

二、国际条约

对于国际条约的理解可以参照《国际法院规约》，因为该规约中有对国际条约做出明确的解释。《国际法院规约》是由国际法院制定的。国际法院是联合国的司法机构，也是目前影响最广泛的国际组织之一，其主要功能在于和平解决国际争端。正是由于国际法院的重要地位，该规约在国际社会中具有广泛的影响力。

依据《国际法院规约》第38条，国际条约指的是指有缔约能力的国际法主体之间确定的意思表示一致的书面协议。该协议是以国际法为标准，从而确立国际主体相互权利、义务的国际书面协议。条约在国际法渊源中占有重要地位，是国际法最主要的渊源。国际条约所确立的规则及产生的权利和义务对于缔约各方都具有法律拘束力。具体而言，20世纪前的国际法规范以习惯为主要表现方式，但20世纪后，国际社会进入了条约化、组织化的时代：国际社会倡导以条约明确原则、宗旨、权利义务、工作程序等。国际社会原有的习惯也被编纂固定了下来。因此，也有人称20世纪为“条约化”世纪。

国际条约有两个显著特征。第一，条约明确清晰。和国家实践、国际习惯不同，条约将国家间的权利义务都明确地写在书面上，因此具有超乎其他渊源形式的具象性。而其他国际法的渊源无法达到条约这样清晰明了的效果。第二，条约大多属于特别法。国内法体系中有一项基本原则，即特别法优于普通法，因此，在处理一个法律问题时，应当优先考虑特别法的规定。国际法也是一样，虽然国际法体系没有法律位阶，但作为特别法的存在，如果国家之间签订了条约，就应当优先考虑条约的规定。因而国际条约是一种特别的国际法规则。

条约的种类有很多。按照缔约方的数量，条约可分为双边条约和多边条约。按照条约的法律性质，条约可分为造法性条约或立法性条约和契约性条约。造法性条约指的是许多国家为了制定共同行为而缔约的规则，一般采取开放的多边形式。契约性条约指的是国家之间关于特定事项的权利和义务而缔结的条约，一般采取非开放的双边形式。在国际法的发展中，许多重要的国际法原则和规则都是通过多边造法性条约确立的。一方面，这种条约构成特别国际法的渊源。另一方面，这种条约确立的法律规则可以经其他国家接受而成为习惯国际法。随着条约不断地壮大发展，被越来越多的国家承认和接受，有学者就提出条约有发展成为普通法的趋势。这样的理论有一定的道理，但条约的本质仍然是特别法的存在。

三、国际习惯

除了国际条约，国际法最为重要的法律渊源就是国际习惯。学理上对于国际习惯法的理解是指国际法律关系中具有法律拘束力的一致性一般国家惯例或通例。从历史的发展来看，国际习惯曾经是国际法最重要的渊源，因为许多重要的国际法规范都起源于国际习惯。

按照国际法院颁布的《国际法院规约》中第38条第1款对习惯国际法的定义可以认为，国际习惯包括了一般实践和法律确信两个方面，也就是学界经常引用的两要素说。当然关于该两要素说学界也有提出质疑的，比如国际法学者亨金教授就认为这个两要素说存在实践操作困难，在国际实践中很难去判定和证明一种国际主张是否构成国际习惯。尽管对这个两要素说存在很多质疑和批判，但是国际法院在其以往的判例中也一直遵循两要素说。因此，两要素说也成了当今判定国际习惯法的主要依据。

根据《国际法院规约》，形成国际习惯必须具备的两个要素：一是存在一般国家惯例，二是这种惯例被接受为法律，即法律确信或者法律必要确信。前者被称为客观要素，涉及惯例在一段时间内的普遍性和一贯性，考虑因素包括持续时间、重复频度、国家遵守程度、一致性和共识。后者被称为主观要素，是区别国际习惯与单纯惯例的分水岭，涉及国家此种行为背后的动机。具体而言，客观要素，即一般实践，也被称为国家实践。国家实践或者一般实践就是指相关国家或者利益攸关方，在一段时间内都按照这样的方式去行动。关于一般实践的理解，学理上曾对形成国家实践到底要求多长时间而进行讨论，但最终也没有结论，国际法律文件中也没有特别的规定。尽管如此，可以肯定的是时间不能过短，必须满足一个国家在一定时间内可以反复持续地进行这样的行为，并且关于一般实践形态的要求不能彼此矛盾。实践中，关于如何证明一个国家有这样的一般实践已经形成了普遍共识：通常包括一个国家的语言和行为。其中，一个国家的语言包括这个国家的外交立场，比如国家元首、政府首脑在国际会议上的发言，国家发布的政府公报，官方文件，等等。一个国家的行为包括一个国家国内法院的判决，一个国家的立法、外交行为等，都可以作为习惯的证据。

随着国际法的发展，关于习惯中涉及的法律确信出现了两种新理论。第一种理论是持续反对者原则。该原则体现在英国和挪威的渔业权案中。国际法院在1951年审理的英国和挪威之间的渔业权案时，就是根据持续反对者原则认为无论是正常基线还是直线基线都没有形成习惯国际法。但国际社会对于这个原则是存在争议的。支持者认为持续反对者原则是可以有效地维护国家意志的。但是反对者认为这项原则本质上是政治的产物，并且是对国际习惯法普适性的挑战。虽然国际社会对持续反对者原则存在争议，但不可否认的是该原则其实有它的合理之处：即，由于政治、历史、地理、文化等原因，相邻国家之间往往具有比较相似的利益追求，从而导致相邻国家很容易组成团体。从这个角度看，如果一味地要求这个利益团体之外的国家也遵循这个团体制定的规则，确实存在不合理之处。需要注意的是，持续反对者原则的适用是非常有限的，在国际强行法范畴中并不适用。

第二种理论是华裔的国际法学者郑斌提出的概念：速成国际习惯。郑斌教授认为在互联网或者外空这种高速发展、瞬息变化的新领域是不适用于长期观察的，如果相关国家对这样的一种实践并没有提出不同的观点，就可以在短时间内形成国际习惯。显然这样的理论也存在不合理之处，因为速成国际法很容易导致国际立法霸权的结果。从而本质上是大国、强国通过自己的做法而替代真正各国认可的习惯。因此，对于速成国际习惯理论应当谨慎使用，其存在国际争议性。

国际习惯的意义随着国际法的发展包括两个重要方面。第一，习惯是对条约的补充。即当条约不能适用的时候，甚至一些国家对这个问题并没有订立条约而产生争议，就可以根据条约之外的一些规则来处理，条约之外的规则最主要的体现就是习惯。第二，习惯是对法律的补充。国际法上从19世纪开始就流传了一种普遍做法，即当法律没有明确规定的时候，法官就可以通过寻找习惯作为法律依据来处理问题。从这个角度看，国际习惯和条约也包括了三个层面的关系。第一，条约和国际习惯作为国际法渊源的时候具有并列性，但条约是作为特别法存在的，存在适用的优先性。第二，习惯可以被编纂为条约。比如，对待外国的大使，外国的领事，使领馆享有的特权和豁免以及大使、公使、领事的职责等早已在维斯特伐利亚之后，各国反复实践而基本上达成一致。基于此，国际法委员会将这些习惯编纂成《维也纳外交关系公约》和《维也纳领事关系公约》，这就是习惯的条约化。第三，条约可以作为习惯的一部分。因为条约是特别法，仅对相关国有约束力，但如果条约转换为习惯，则具备了更为广泛的法律约束力。

四、其他辅助性国际法律渊源

除了国际条约、习惯，国际公法还有一些辅助性的法律渊源，主要包括一般法律原则、司法判例、公法学家学说、国际组织决议和国家单方面的法律行为等内容。首先是一般法律原则。根据《国际刑事法院罗马规约》第21

条的规定，一般法律原则是在法律空白，无法可依，从而导致案件不能裁决的情况下才可以适用的。正是由于一般法律原则的补充性，其地位是辅助性的国际法渊源。实践中，一般法律原则具体有两种表现形式：第一种表现形式是国家在国内实践中所形成的原则，即国内法中的原则，例如一罪不二罚原则、无罪推定原则、诚实信用原则、禁反言原则等。第二种表现形式是国家间关系进行过程中所形成的原则，比如国家主权原则、和平共处五项原则等。在国际司法实践中，一般法律原则发挥作用的概率是非常低的，其中最为主要的原因是当代国际法规则程度非常高。因此，很多领域中的问题、争议和纠纷，都已通过清晰明确的条约进行了明文的规定。而条约不存在的时候，很多国际问题又可以通过之前的国际习惯需求得到解决途径。因此，使用一般法律原则的国际司法案例非常少见。最为著名的是单边宣布独立的科索沃案件。相比国际社会，中国进行国际主张的时候经常会用到一般法律，最为常见的就是之前提到的和平共处五项原则。

《国际法院规约》第59条明确规定了司法判例的适用范围是有限的，仅对当事国和本案有约束力。因此，从国际法院的角度出发，司法判例本身不是国际社会普遍适用的法律，并且国际社会并不打算建立类似英美法系的判例法。正因如此，司法判例本身不是依据，而是司法判例中的法律解释和理解，适用法律的方法才是其他法院处理问题的依据。所以，司法判例是辅助性的国际法渊源。

司法判例作为国际法的辅助渊源，不仅包括国际司法判例，也包括国内司法判例。当然更为主要的是国际司法判例，主要代指国际法院和国际刑事法院的判例。因此，司法判例对国际法也有非常重要的影响，可以解释国际法规则，促进国际法的发展。比如，国际法上的“荷花号案”目前已成为国家管辖权问题的基础判例。

下面简单介绍一下著名的荷花号案。1926年8月2日，法国的一艘邮船“荷花号”在地中海的公海与土耳其船“博兹-库特号”发生了碰撞。土耳其的“博兹-库特号”被撞沉，导致船上8名土耳其人死亡。当“荷花号”

抵达土耳其的港口伊斯坦布尔时，土耳其政府对该事件进行了调查，认为该事件是由于“荷花号”上的负责值班人员法国海军上尉戴蒙的失职所致。因此，将其和“博兹-库特号”船长哈森·贝一并以杀人罪逮捕，并在伊斯坦布尔提出刑事诉讼。

1926年9月15日，土耳其法院作出判决，对戴蒙判处短期监禁80天和一笔罚款。土耳其船长哈森·贝则被判了较重的惩罚。该案判决后，立刻就引起了法国政府的外交抗议。法国政府认为土耳其法院无权审讯法国公民，并且船舶碰撞发生在公海上，荷花号的船员只能由船旗国，也就是法国的法院进行审理，并主张这是一项国际法原则。但土耳其法院则依照其刑法第6条的规定“任何外国人在国外犯有侵害土耳其公民的罪行，应按该刑法处理”而主张对本案拥有管辖权且不违反国际法。同年10月，法国政府和土耳其政府签订了一项特别协议，将该事件提交常设国际法院。

经过审理，常设国际法院认为，土耳其有权对法国船员行使管辖权。常设国际法院认为，按照国际法，船舶碰撞案件同样适用于公海上航行的船舶受船旗国的排他性管辖。但是，船旗国的权利不能在其领土之外行使，除非国际惯例和国际条约有此类的许可性规则。同时，由于国际法没有禁止犯罪结果地国家对罪犯行使管辖权，因而在公海上的一件犯罪行为的结果发生的另一外国船上，等于发生在该外国船的国籍国的领土上。在本案中，犯罪者法国船员德蒙上尉虽然身在法国船上，但其所造成的后果却发生在土耳其船上。因此，这就等于发生在土耳其领土上。所以，土耳其对法国船员德蒙上尉行使刑事管辖权并不违反国际法。本案判决对国际法产生了深远的影响，已经成为国际法上国家管辖权的经典判例，并对之后的《布鲁塞尔公约》《公海公约》以及1982年第三次联合国海洋法会议通过的《联合国海洋法公约》都产生了深远的影响。

权威公法学家学说也是国际法辅助渊源的一种。由于权威公法学家的学说仅仅可以证明国际法的存在，不是国际法的本身，因此，权威公法学家的学说也是辅助性国际法渊源。权威公法学家包括格劳秀斯、瓦特、奥本海等。权威公法学家学说本质其实是一种精神研究，是权威公法学家对国际实践未来发展趋势的总结和把握。因此，这些优秀的法学家的观点一般具有逻辑清晰、公正简明的特点。但权威公法学家学说的很多观点可能会在国际司法程序中使用，比如在法官陈述个别意见和反对意见中有所体现，而在正式判决中使用的概率非常低。同时，司法实践中，很难判定“权威学说”的构成要件。

国际组织决议作为国际法辅助性渊源具有一定的特殊性。由于国际法院没有预见到未来国际组织的迅猛发展，以及国际组织在国际法发展中的重要作用，所以《国际法院规约》中关于国际法渊源的规定并没有涉及国际组织决议的内容。但随着国际组织的壮大和发展，有一部分组织决议也构成了国际法渊源的辅助渊源。这部分决议是由具有立法权的国际组织中的立法部门作出的决议，例如，安理会通过的关于维护世界和平与安全的决议。

当然，国际组织在自己发展的过程中，也会产生一些决议。这些决议本身不具有拘束力，因为在创设的条约里面并没有赋予这些组织订立新国际法规范的权力。但国际组织在自身发展中却形成了这些决议，且对各个国家产生了影响。因此，这些决议一般被称为“国际软法”（international soft law）。国际软法是指国际法主体之间订立的但在国际法中不具有直接约束力的规范、协定。国际软法最先起源于国际法研究领域，主要作用在于宣示、昭告和指引。目前，国际软法在国际环境领域的作用明显。

最后，国家的某些单边国家行为也具有一定的约束力。在司法实践中，国家经常采取意图产生法律效力的单方面行为。国家单边行为具体是指一个国家意图造成国际法上的一定法律效力，采用明示和公开方式，自发地作出单方面声明的行为。比如，一个国家表示抗议、放弃、承认一项权利或一个实况或承诺今后以某种方式行事的声明。具体表现形式，包括抗议、放弃、承认、承诺和宣战、停止冲突或中立宣言等。这些行为可以分为两类：第一类是国家借此承担义务的行为，例如承诺、承认或弃权。第二类是国家借以重申权利的行为，例如抗议等。

国际上关于国家的单边行为作为典型的案例是1974年澳大利亚和新西兰诉法国核试验案。具体案情是1966年到1972年期间，法国在南太平洋的法国领土进行了一系列的大气层核武器试验。1973年，法国声明将计划进行进一步的空中核试验。澳大利亚和新西兰于同年的5月9日分别在国际法院对法国提起诉讼。澳大利亚请求国际法院判定并宣告在南太平洋地区进行进一步的大气层核武器试验并不符合现行国际法的原则，并命令法国不能进一步进行该试验。新西兰请求国际法院判定并宣告法国政府在南太平洋地区进行核试验引起放射性微粒回降构成了侵犯新西兰国际法上的权利，并且这些权利将被进一步的核试验侵犯。两国一并请求国际法院指示临时保全措施。1973年5月16日，法国驻荷兰大使向法院书记官长递交了三国政府的一封信，法国政府声明它认为法院明显地对本案无管辖权，法国不接受法院的管辖，因此法国政府不准备指派代理人，并要求法院撤销该案。结果法国始终未出庭，也未提出任何辩诉状。

1973年6月，法院以8票对6票作出命令：法国政府应当避免对澳大利亚和新西兰领土造成放射性微粒回降的核试验。之后，法国当局作出了公开声明：其计划在该年夏季进行的一系列试验完成后，法国的核防御计划将转入进行地下核爆炸的阶段。也就是说法国政府表达了法国不打算再进行大气核试验的计划。因此，1974年12月，法院以9票对6票作出判决：认为澳大利亚和新西兰的主张已不再有对象，因此不需要再对此问题作出裁定。法院在判决中指出，以单方面的行为作出的有关法律或事实情况的声明可以具有创设法律义务的效力。这些声明的效力无须具有交换条件的性质或此后被任何国家表示接受，甚至不需要有其他国家的任何反应。声明的形式亦不重要。在该案件中，法国向全世界，包括澳大利亚和新西兰，转达了它打算有效终止其大气层核试验的意思。而国际上其他国家会记住这份声明，并期望声明发生效力。由于法国在审判前就发出了这份声明，因此，法院无须再对澳大利亚和新西兰的诉求进行裁定。

关于国际法各项渊源之间是否存在法律位阶这样的法律问题，学界上有学者提出过相关的理论。目前大多数学者认为国际法的各项渊源之间存在法律位阶。比如，国际习惯应当被看作一般国际法的存在，因为国际习惯普遍被各国接受，对所有的国际行为体都具有约束力。国际习惯之后，再考虑国际条约，因为国际条约是双边的、区域性的。但实践中，国际法院并不认可这样的法律位阶。尽管如此，国际法渊源的适用理论仍包含了应当遵守的一些基本原则，例如，特别法优先于普通法，后法优先于先法。

第二节 | 国际法的编纂

一、导言

国际法的编纂又被称为国际法的法典化。国际法的编纂的本质就是把现有的大量国家的惯例、判例、学说以及国际法的规则、制度、原则等更加明确化和系统化。国际法的编纂与国际法的逐渐发展概念并不相同。依据联合国《国际法委员会章程》中的定义，国际法的逐渐发展是指“就国际尚未订立规章或各国惯例尚未充分发展成法律的各项主题，拟定公约草案”。因此，国际法的逐渐发展就是制定新法或应有法。尽管两者概念有所不同，但国际法的编纂与逐渐发展在实践中是密不可分的。因为在一项国际条约中，其中一些实体条款可能是现有法，而其他条款可能是应有法。

由于国际社会没有统一的立法机构或组织，因此，国际法本身具有不成体系的特征。而国际法的编纂就可以改善国际法的这一缺陷，使得国际法更加的体系化、精确化和规范化。国际法的编纂依照形式可分为全面编纂和分类编纂。全面编纂顾名思义就是把所有国际法的原则、规则以及制度编纂成一部法典。但由于这个工程量巨大，目前没有被采用。而个别编纂就是将国际法的原则、规则和制度按照部门进行编纂成为法典。个别编纂已经被采用了。从主体的角度出发，国际法的编纂又可以分为民间的编纂和官方的编纂。民间的编纂主要指由个人或团体进行的编纂，不具有法律约束力，但有很大的学术参考价值。而官方的编纂是由政府合作通过国际外交会议或者政府间的国际组织形式进行的编纂。这种编纂往往会形成具有法律约束力的国际公约。学术上经常讲到的编纂一般指官方编纂。最早提出国际法编纂的是

18世纪英国学者边沁，后来一些民间团体，如国际法学会等开始从事国际法的编纂工作。尽管如此，这些非官方的编纂工作仍然是有限的，实践中，更为直接的是各国政府参与和进行的国际法编纂，最为典型的就是联大编纂工作。

二、联大编纂工作

联合国的国际法编纂活动一般是由联合国国际法委员会进行的。联合国成立后，国际法的编纂步入一个新的发展时期。1947年，联合国大会通过174（Ⅱ）号决议，成立了负责编纂工作的主要机构——国际法委员会，并通过了联合国《国际法委员会章程》。国际法委员会的主要职责是促进国际法的发展和国际法的编纂。联合国《国际法委员会章程》对国际法委员会的这两个主要职责规定了不同的程序和工作方式。但实践中，委员会将两者有机结合，采用了基本相同的程序：先由委员会或联合国大会确定所需要编纂的项目，然后指定特别报告员负责研究并提出报告，委员会再以该报告为基础，通过一个条款形式的临时草案，并提交大会。同时也征求各政府的书面意见。之后特别报告员对所收到的答复，以及大会第六委员会在辩论中所提出的意见一并进行研究并提出另一份报告，建议对临时草案作出适当的修改。委员会再以该报告和意见为基础通过一项最后的草案，并将草案及将进一步采取的行动建议一并提交给大会。目前，国际法委员会已经完成并形成公约的专题包括《日内瓦海洋法四公约》《维也纳外交关系公约》《维也纳领事关系公约》《特别使团公约》《维也纳条约法公约》等。国际法委员会进行研究但仍未形成公约的专题包括：关于外交邮袋的地位、国家责任、国际法不加禁止的行为所产生的损害性后果的国际责任等。

第三章

国际法上的国家

第一节 | 国家的构成要素

国际法上国家的概念具有发展性，其在国际法不同时期、不同阶段具有不同的内涵。现代国际法上国家的概念依据《蒙得维的亚国家权利与义务公约》的规定，具体包含四个要素。第一，国家有确定的领土；第二，常住人口；第三，有政府的存在；第四，有国家主权。

首先，确定的领土。国家领土是国家赖以生存的根本，构成国家的自然物质基础。国家领土包括了领陆、领水、领空和底土，当然，实践中和国际法理论中均未对领土的大小有明确规定，即多大的领土才可以构成国家的领土。目前，世界上最小的国家梵蒂冈面积只有0.44平方公里。值得注意的是，根据目前的国际法理论，并不能推定拥有固定的领土就是国家，其中，美国“海螺共和国”就是典型的例子。海螺共和国本是位于美国的佛罗里达州基韦斯特市的“微型国家”。由于美国边境巡逻局设下检查偷渡和走私的路障及路检点，损害了基韦斯特市的观光旅游业，该市市长丹尼斯·沃德娄及市议会宣布“独立”，从而建立海螺共和国，丹尼斯自任总统，带领民众冲进了当地的空军基地，用喷水枪和投掷面包和美军对抗，一分钟后又宣布向美军投降，希望得到美国政府的承认。显然，这是一场闹剧，这个地区并没有取得国际法上国家的资格。

其次，常住人口。常住人口和领土一样，也构成国家的物质要素，是基本的物质要求。常住人口指的是国家在固定的领土之内必须有人民的存在。人口和领土共同构成了国家的基本物质条件，是不可分离的构成国家的基本要素。同样地，国际法理论与实践中也没有对于国家人口的数量规定最低要求，但是国家的人口不能是经常流动的，必须是长期定居的人口。至于国家人口里的人种、宗教、信仰、语言、历史都可以是不尽相同的，没有必须统一的要求。

再次，政府作为构成国家的一个基本要素是指一个有组织的政治共同体。即，国家必须有中央政府对该国家的领土和人民进行控制和管理。政府的形式可以是多样的，既可以是民主的，也可以是独裁的。但无论国家的政府采取哪种形式，都必须有一个完整的宪制体系。

最后，主权。一国政府拥有主权意味着该政府有能力对外进行国际交往。主权从本质上区分了地区和国家两个概念。当然，现实中存在一些很小的国家，必须委托其他国家的外交机构或领事保护机构从事外交，这样的国家是否构成国际法上的国家？对于这一问题，目前国际法理论中的建构主义可以进行一定的解释，即只需要被其他国家认同从而进行外交，就是国家。

第二节 | 国家的类型与特殊承认

一、国家的类型

国家有各种类型。按照结构形式划分，国家可分为单一国和复合国。按照主权程度划分，国家可分为独立国和附属国。至于每种类型的国家是否构成国际法主体，需要具体进行分析。

首先，单一国与复合国。单一国是具有统一主权的国家，地方政府隶属于中央政府的领导，对外外交上由中央政府代表国家。中央政府领导的模式往往是一国只有一部宪法，一个最高立法、司法和行政机关。全国具有统一的国籍。而复合国是两个或两个以上国家的联合体。比如，我国古代的春秋战国时期，就是典型的复合国的存在形式。

现有的复合国主要有两种：联邦和邦联。联邦是由两个以上的成员国或州组成的国家，也就是联邦国家。基本特征是联邦本身和成员邦都有最高立法、行政和司法机关，各自权限由联邦宪法规定。联邦在国际法上是一个主权国家，是国际法主体；其成员邦依联邦宪法可以具有一定的对外交往权，但是通常不具有国际人格。邦联制是指若干个独立的主权国家为实现特定目的比如军事、经济等方面的要求，而组成的一种松散的国家联合。周朝就是一个较为典型的例子，各个诸侯国主权高度独立，周王为名义上的共主，与现在的邦联制相似。邦联制和联邦制度相比，更为松散，是主权国家的联盟，通常根据条约组建。比如，历史上，北美独立革命胜利后，13个殖民地组成了邦联。之后，又依据宪法组成了联邦制的国家，即现在的美利坚合众国。历史上，埃及和叙利亚也曾建立起过邦联国家。邦联和联邦最大的区别在于联邦政府往往拥有实权，高于或者平等于地方政府。邦联则是各主权国家的联盟，政治体制较为松散，具有不稳定性。邦联往往不享有国际法上的主体资格。但是其邦国往往具有国际法上主体资格，因为其可以独立处理内部事务，并具备对外交往的能力。邦国内部公民也享有自己的国籍。

独立国是行使全部主权的国家。当代国际社会中，所有国家都是独立国。独立国可以是单一国，也可以是联邦国家。附属国包括附庸国和被保护国两类。附庸国只对内政有自主权，而对外关系则绝对地或者大部分受他国控制的国家。控制国又叫“宗主国”，对附庸国享有的权力称为“宗主权”。被保护国是指依据条约，将其重要的对外事务交由一个强国处理，从而处于被保护关系下的独立国家。这两类多是由于封建统治残余，或者帝国主义、殖民主义的外部压力所形成的，现今基本上已成为历史的遗迹。

在国际法上，永久中立国是具有特殊地位的独立国。中立和中立国原本是战时国际法上的概念，指一个国家在其他国家间发生战争时，不参加任何一方。当然，战时中立是临时的。一次战争中保持中立并不代表这个国家是永久中立国。永久中立国不同于战时中立国和执行中立政策的国家，永久中立国是以国际条约或国际承认为根据，在对外关系上承担永久中立义务的国家。永久中立国的义务包括：除自卫外，不得对他国进行战争，也不得参加其他国家间的战争；不得缔结诸如军事同盟条约、共同防御协定之类的与中立地位抵触的条约，以及不得参加任何军事集团或联盟；不得采取任何可能使它卷入战争的行动或承担这方面的义务。永久中立国承担上述义务使其主权在与战争有关的国际活动方面受到一定限制，但是并不影响永久中立国的主权地位，因为永久中立国仅放弃了有限的主权。同时，这种放弃基于自愿。目前国际法上的永久中立国包括瑞士、比利时、卢森堡和奥地利等国家。

二、国家的特殊承认

国家的承认本质是其他国家对这个国家或者政府的态度，如果其他国家对新的国家或政府进行承认，就表示愿意和该国家或政府进行交往。国家的承认是一种单方的政治和法律行为。单方面的行为就意味着，国家的承认和建交是两个概念，因为建交是一种双方的外交行为。

国际法上承认的方式可以有很多。比如，依据主体划分可以分为国家的承认和国际组织的承认。其中，国家的承认就是指承认的主体是国家，而国际组织的承认主体是政府间的国际组织。依据承认方式的不同，还可以分为事实上的承认和法律上的承认。事实上的承认又可以分为明示的事实上承认以及默示的事实上承认。明示就是直接在事实上对一个新国家或者政府进行承认，通常采用外交照会、函电声明的方式。而默示的事实承认是通过行为，可以推断出承认的事实。比如，设置领事馆、进行互访等。和事实上的承认相比，法律上的承认更加正式。依据承认的对象，又可以分为对国家的承认和对新政府的承认。对国家的承认是现存国家承认新国家具有国际法上国家资格的一种承认。对政府的承认是现存国家对新政府能够代表国家并表示愿意与其国际交往的承认。

国家承认不是一个国家的义务，也就是说一个国家有一定的自由裁量权，可以决定是否对新国家或者新政府进行承认。尽管承认不是国家的义务，但承认仍然应当遵循国际法的原则和规则，如必须遵守国家主权和领土完整等基本国际法原则。

关于国际法上承认的性质目前发展有两种主流观点。第一种观点认为承认实际上构成了国家的成立。这种观点认为，一个国家即便事实上成立了，如果没有其他国家的承认，也不是真正的成立。这种观点的理论依据在于各国之前赖以生存的基础就是国际交往，如果没有一个国家对新的国家或者政府进行承认，那这个新国家或政府很难在国际法上生存，因此，很难说这个新国家或者政府真实成立。第二种观点认为承认是一种宣告。也就是说承认和国家成立本身并无关联。一个国家是否成立，还应当依据事实进行判定。第二种观点目前获得了更多国际法学者的支持，因为国家的成立是一种事实，和其他国家的意志无关。但不可否认的是，国家的承认是非常重要的，如果没有其他国家的认可以及有交往的意愿，新国家成立后也会面临很多的困境。

国际法上还发展了一些特殊的承认，包括过急的承认、过缓的承认、联合国的承认以及不承认。首先，过急的承认。过急的承认又叫过早的承认，是一个新国家通过内战、叛乱等方式从现存的国家分离出来，在对新国家的领土和人民还没有充分控制时，其他国家就急于承认的情形。过急的承认本质上是一种政治性的干预，其中典型的例子就是科索沃共和国。科索沃本是塞尔维亚的一个自治省，科索沃一词在塞尔维亚语中被称为“黑鸟的土地”。在1999年6月科索沃战争结束后，科索沃就由联合国进行托管。2008年2月，科索沃通过独立宣言单方面宣布了独立，并且获得了美国在内的共108个国家的过急承认。但塞尔维亚则一直坚称对科索沃拥有主权。科索沃问题因此一直悬而未决。中国政府对此的态度是：科索沃享有高度的自治，但仍然是塞尔维亚共和国领土的一部分。2010年7月，国际法院针对科索沃案发表了咨询意见，认为科索沃于2008年2月17日的独立宣言宣告独立的行为不违反国际法。

其次，过缓的承认。过缓的承认又叫作过迟的承认。主要指一个国家或者政府在获得国际资格标准很久之后，其他国家才给予承认的情况。过缓的承认显然会阻碍新国家的正常发展，因此，不论是过急的承认还是过缓的承认，都不是适时的承认。过缓的承认在国际法上最为典型的案例是，美国对苏联成立后所采取的不闻不问的态度，其本质就是一种过缓的承认。此外，在1949年，新中国成立后，美国也是保持沉默的态度，没有承认，甚至在某些情况下提出反对。

再次，联合国的承认。联合国曾对殖民地的很多国家表示承认和赞赏，是一种典型的过急。但由于这种承认得到了广大发展中国家的支持，认为其本质上是对殖民地自决权的支持，因此，联合国的承认也是一种特殊的承认。

最后一种特殊的承认就是不承认。不承认的本质就是通过不承认的方式，证明一些所谓的新国家在国际法上是不存在的，比如，国际社会对日本侵华战争时期在长春建立的伪“满洲国”不予承认。不承认并不违反国际法。

第三节 | 国家的基本权利

国际法上的国家作为国际法上的主要行为主体，具有以下几项基本权利。第一，独立权。独立权主要体现在国家主权在对外关系上可以按照国家自己的意志处理本国事务，不受外来控制和干涉的权利。独立权包含自主性和排他性两方面，并且构成不干涉原则的基础。现代国际法中关于独立权的内容有了新的发展。它不再仅仅指国家的政治独立，还包括了国家在经济上的独立以及不受外国剥削和掠夺的权利。独立权使得国家有权根据本国人民的意愿，自由行使一切合法权力。这些权力既包括选择本国的政治、经济、社会和文化等制度和未来发展的道路，又包括可以依据本国的意志决定对外政策和处理国际关系，不接受任何其他国家的命令。更深层次的含义还包括任何国家无权强行颠覆其他国政权和政治制度。因此，国家主权是一个发展的概念。近些年，也有学者提出，国家的独立权可以分为对内独立权和对外独立权，其中对内独立权是积极的独立权，即国家可以自由地行使行政、管辖等国家对内管理的公权力，而对外的独立权则是消极独立权，包括其他国家不得干预该国的内政。目前，国际法上关于独立权可能存在的争议问题涉及先占。近代以来，国际上存在较多的先占行为，即各国占领无主土地以先占先得为原则的行为。但历史上国际社会并不注重国家主权的独立权以及领土的管辖，也正是因此产生了很多国家间关于独立权干涉以及领土纷争的案例。

第二，平等权。平等权是指国家在国际法上的地位平等，包括无论国家大小或者强弱、社会制度的性质和发展水平，每个国家的地位都是平等的。国家的平等权在国际法上一般表现为：每个国家在国际会议与国际组织中都拥有同等的代表权和投票权；各国均有权在平等的基础上和其他国缔结条约；各国在外交文本上有使用本国文字的权利；国家在外交礼仪上受到平等的尊重，例如，国家元首、国旗、国徽不受侮辱；国家在外国享有豁免权；各国对于外侨不得以其国籍不同，在法律上特别是人身和财产方面有所歧视；以及其他国际规则上的平等。当然，平等权并不意味着国家在所有方面具有同等的权利与义务。在国际法上，国家的权利和义务可能会因为国家的地位区分而在某些方面表现出差别。

第三，自卫权一般可分为国家自卫权和个人自卫权。国家自卫权不同于传统上的自保权，指国家使用武力反击外来武力攻击的固有权利。国家自卫权是一种自然权利，是国家在安全理事会权威之外单方面合法使用武力的唯一机会，构成诉诸战争权法的一个重要部分。自卫权有单独自卫权与集体自卫权两种，后者是指在一个国家受到外来武力攻击时，其他国家采取军事方法，协助受害国进行自卫的权利。国家自卫权也构成了禁止使用武力原则的例外，因此只有在一定条件下才可以行使，受到一定限制。首先，行使国家自卫权必须客观上遭受武力攻击。其次，行使国家自卫权必须在安全理事会采取维持国际和平与安全的必要办法之前，并且应将自卫行动立即报告安全理事会，并不得影响安全理事会采取其所认为必要行动的权责。最后，自卫权的行使遵守必要性和比例性原则，不得滥用。

第四，管辖权。管辖权是指国家对人、物和事行使规范和执法的权力，来源于主权。管辖分为广义的管辖和狭义的管辖。广义的管辖包括立法、司法、执法的管辖，而狭义的管辖仅指司法的管辖。管辖的本质就是国家基于公权力进行公共权力的管辖。主要包括四种情形：属地管辖原则、属人管辖原则、保护性管辖原则以及普遍性管辖原则。属地管辖权原则又叫属地优越权，是指国家对其领土内的一切人和物，以及所发生的事件有权进行管辖。因此，属地管辖原则最容易实施，在国际实践中也是第一顺位的管辖原则。属人管辖原则是对具有本国国籍的自然人和法人具有管辖权。属人管辖最为典型地体现在税收执法、行政管理和财务等方面。保护性管辖原则是指保护国家免受外国组织、外国国家、外国人的侵害。普遍性管辖原则属于兜底性原则，与强行法相关，针对海盗罪、种族灭绝罪、战争罪等违反强行法规范的罪行。

第四节 | 国家的豁免与继承

一、国家的豁免

国家的豁免本质上是国家管辖权的例外。因此，国家豁免权的前提是有国家管辖权。国家豁免权的法律依据是每个国家都享有平等的主权，也就是说，一个国家没有权利对另一国进行审判，一个国家也没有接受另一国审判的义务。

国家豁免权又叫外国主权豁免权，适用主体是国家之间，主要指国家及其财产不受外国法院管辖，原则上是法律问题。国家豁免权发生在外国法院有关国家的民事程序中，是外国法院行使民事管辖权的障碍。国家豁免权的实质是豁免程序，因此其属于民事程序法的范畴，但这并不包括严重违反像国际人道法或国际人权法方面的强行法范畴。因此，违反强行法不构成国家豁免权的例外。

国家豁免权的当然享有者是国家。国家是由有组织的机关组成的实体，包括行使国家主权权力的各种机关，经授权行使国家主权权力并以该身份行事或实际行使该权力的国家领土组成单位、国家机构、部门或其他实体。原则上，国有企业不具有这种地位，但随着国际法的发展，当前学界将国有企业在有权并实际行使国家主权权力的情形下视为国家实体。例如，一些港口国家的国有企业行使进出口等关税定价权时，其本质是行使国家权力，此时可以将其视为国家机关。国家豁免权的内容包括属人管辖豁免权与属事管辖豁免权，但豁免只是指执行和司法管辖豁免而不包括国家立法管辖豁免。当然，国家豁免并不意味着免除其法律责任，只是在形式上免除了国家受一国法院管辖的豁免程序，包括豁免管辖和强制措施等。

依据国家豁免的范围和程度，还可以将国家豁免分为绝对豁免原则和相对豁免原则。绝对豁免原则是指不论涉及外国国家的行为或财产的性质如何，均一律给予豁免。而相对豁免原则将国家的行为区分为主权行为和商业行为，认为只有国家的主权行为才可以享有豁免权，而国家的商业行为不能享有豁免权。和绝对豁免原则相比，相对豁免或者限制豁免原则不再一味地以国家主体作为豁免的依据，而是将主体的行为进行了区别对待，认为只有国家行使国家主权行为时才应当享有管辖豁免。关于相对豁免或限制豁免的发展历程主要包括："二战"后，美英等国家先后放弃绝对豁免原则，主张限制豁免原则并且这一做法逐渐成为国际趋势，被《联合国国家及其财产管辖豁免公约》所接受。该公约在规定尊重国家豁免权的基础上，还列举了一些例外，包括国家从事商业交易、订立雇佣合同、引起人身伤害和财产损害、处理财产的所有、占有和使用、知识产权和工业产权确权或侵权等诉讼。因此，商业交易的诉讼是国家豁免权例外的核心，国际实践中还包括恐怖主义例外和侵犯人权等例外。

尽管如此，国际社会对限制豁免的理解和接受存在差异，大陆法系国家接受限制豁免权的时间更早，英美法系则是到20世纪才开始主张限制豁免，对限制豁免接受更晚的是苏联，直到其解体形成俄罗斯的时候，才开始接受限制豁免。而我国目前仍然主张绝对主权豁免政策。

国家的豁免权作为一项权利，可以通过国家明示或默示的方式放弃行使。其中，明示放弃主要指国家通过国际协定、书面合同或仲裁协议、法院发表的声明、特定诉讼中或在当事方发生争端后提出的书面函件等方式明确同意外国法院对某一事项或案件行使管辖或采取强制措施。默示放弃包括国家通过某种行为可以推定其表示同意外国法院的管辖。这里需要注意的是，放弃管辖豁免与放弃强制措施豁免是分离的行为，同意一国法院行使管辖权并不构成默示同意采取强制措施。

国家官员的外国刑事管辖豁免权，又叫作国家官员豁免权。具体是指一个国家的官员对其犯罪行为享有不受外国法院刑事管辖和强制措施的特权，属于一项权利，与一国赋予其官员的刑事豁免权有本质的区别。国家官员包括国家代表、国家人员或国家机关。目前，国际法上关于“国家官员”这一概念并没有明确的定义，实践中判断依据在于是否在一国行使主权特权。鉴于权利与义务的辩证统一，国家官员的外国刑事管辖豁免权的行使就意味着相应的外国刑事法院有尊重该豁免权行使的义务。同时，国家官员的外国刑事豁免权是该官员在外国法院刑事程序中的一项权利，其所涉行为是违反法院地所在国刑法或国际法的犯罪行为，并且这项权利的本质是豁免程序，属于刑事程序法的范畴，而不豁免实体法上的个人刑事责任。因此，国家官员外国刑事豁免权并不意味着有罪不罚。同样，作为一项权利，刑事管辖豁免权可以放弃。但由于国家官员外国刑事豁免权是基于国家主权的一项权利，并不属于官员个人，而是属于官员所属的国家。因此，只有国家才能从法律上放弃对其官员的豁免权。

二、国家的继承

第一，国家的继承是指当一国丧失国际法人格或部分领土时，它在国际法上的权利和义务转移给其他国家的情形。国际法上，1978年《关于国家在条约方面的继承的维也纳公约》中有对国家的继承作出过明确定义：“一国对领土的国际关系所负的责任，由别国取代。”因此，国家继承的主体是国家，而继承的对象主要包括了条约、国家财产、国家档案、国家债务等事项。国家继承其实是一个复杂的国际法问题，因为其涉及了国家主权原则、平等原则、不干涉内政原则等。因此在实践中，关于国家继承问题一般通过缔结条约的方式进行解决。目前有关于国家继承的国际条约有：1978年的《关于国家在条约方面的继承的维也纳公约》和1983年的《关于国家对国家财产、档案和债务的继承的维也纳公约》。这两个公约主要是依据国际习惯法进行的编纂。因此，可以说，国家的继承主要是依据国际习惯法。

国家继承中最为主要的问题是条约的继承，具体指的是继承国对被继承国所签订的条约中权利、义务的继承，而条约继承的本质是被继承国的条约对继承国是否继续有效的问题。按照国际法，关于条约的继承有一项基本原则需遵循，即人身条约是随着被继承国国际人格的消灭而消灭的，不能被继承（人身条约不予继承原则）。其中，人身条约通常是政治性条约，如同盟条约、共同防御条约等，一般不能被继承。但和领土有关事务一般不是人身条约，而是处置条约，通常可以被继承。经济性条约则需要根据条约的内容来确定是否予以继承。在《关于国家在条约方面的继承的维也纳公约》中也对条约的继承也作出了具体规定：一国领土的一部分成为另一国领土的一部分时，继承国的条约生效；新独立国家对于任何条约，没有继承的义务，这也被称为白板原则；两个或两个以上国家合并为一国时，除非另有协议，对继承国有关领土有效。

第二，国家财产的继承。国家财产包括了该国所有的财产、权利和利益。如果被继承国的财产转移给了继承国，那么被继承国就丧失了相关的财产利益，相应地，继承国就继承了相关的财产权益。正因如此，国家财产继承仅仅发生在两个国家之前，不涉及第三国的财产利益，具有相对性。同时，国家财产的继承通常情况下不涉及补偿问题，即继承国没有义务和责任对被继承国进行财产补偿。但被继承国在继承国家财产时有善意的义务，即确保国家财产在继承时不受到损害。

第三，国家档案的继承。国家档案包括了出于各种目的以档案的形式直接保存或控制的、各种日期以及种类的一切文件。国家档案的继承原则和国家财产的继承原则基本是相同的。因此，如果发生了国家合并的情形，被继承国的国家档案应当转属给继承国。目前，关于国家档案的继承规则主要规定在《关于国家对国家财产、档案和债务的继承的维也纳公约》中。

第四，国家债务的继承。其中，国家债务具体指一个被继承国按照国际法而对其他国际法主体所负的任何财政义务。因此，国家债务按不同的标准可以划分为内债和外债；国债、地方化债务和地方债务；善意之债和恶意之债等。依照国际法，由于国家对其国民拥有属人优越权，因此，内债属于其内政，国家可以依据自己意志进行处置。但国家所欠外国私人之债，则属于国内私法层面的债权债务关系。因此，除了因该国侵害外国私人债权而引起该国国家责任，外国私人所属的本国行使外交保护权的例外情形下，不发生国家与国家之间的债务继承关系，国家可按照国内法加以处理。至于地方债务非国家所借，国家对此不承担责任。而恶债，由于其属于不正当用途或违反国际法的本质，而当然被排除在国家继承范围之列，并且“恶债不予继承”已然发展成为一项公认的国际法原则。因此，上述各类债务中，可以成为国家继承对象的只有国家以其名义向外国国家、国际组织或其他国际法主体所负的合法国债与地方化债务。

由于国家债务继承本质上是被继承国的国家债务转属继承国，因而其所解决的基本核心要义是如何处理被继承国的国家债务。国际实践中，依照领土变更的情况不同，国家债务处理规则也不同。具体来说，当一国部分领土移交给另一国或一国的部分领土分离出去组成一个新国家或和其他国家合并的情况下，应当协议解决继承问题。如果没有协议，则应当按照公平的比例转属继承国。同时，也要考虑到转属继承国的财产、权利与该项国家债务之间关系等。当被继承国解体且其领土分裂成数国时，被继承国的国家债务应在各继承国之间按公平比例转属，当然存在特别协议的除外；当两个或两个以上国家合并成一个继承国时，应当根据债务随财产一并转移的规则，也就是被继承国的国家债务应转属继承国；对于新独立国家是否需要承担前宗主国或殖民国家的债务问题，则需具体情况具体分析，但需要遵循的原则包括促进新独立国家经济发展原则和减轻或免除其债务负担原则。

除了国家的继承，在国际法上还存在政府的继承问题。按照国际法，政府的和平变更不发生政府继承问题，因为并没有新政府的生成。但如果产生了革命或政变，从而形成了新的政府，则涉及国际法上政府继承的问题。因此，政府继承这个概念在国际法上指基于革命或政变从而导致政权更迭的情形。政府继承发生时意味着旧政府在国际法上的权利和义务被新的政府取代。和国家继承概念不同的是，第一，国家继承是国家领土变更的事实引发的，政府继承则是革命或政变导致政权更迭的结果。第二，国家继承发生在不同国际法主体之间，但政府继承发生在同一国际法主体的内部。第三，国家继承可以根据领土变更的情况不同而分为全部继承和部分继承，但政府继承只有全部继承，即继承和接受一切符合国际法的权利和义务，排除了恶债和一切不平等、掠夺性的秘密条约以及和新政府所代表的国家利益根本对立的条约的继承。

三、国家档案利用的权利与义务

近几年，档案在国际法上扮演着人类社会的真实记录者的角色，具有高度的“证据性”“信息性”和“文化性”的特征。2011 年联合国教科文组织第三十六届大会通过的《档案共同宣言》更进一步明确了档案的核心价值，呼吁其所有成员国通过加强档案工作以推动国家治理水平和社会文明的发展。如前文所述，在档案继承的适用原则上，国家档案的继承与国家财产继承的原则一致。但近些年，关于档案利用的国家权利与义务领域已作为一项单独的国际法课题在国际法学者中备受关注与讨论。推动课题发展的起源于第十七届国际档案大会上通过的由国际档案理事会起草的《档案利用原则》，该原则中强调了档案利用的国家行为应当遵守国际法相关原则和承担相应的国家责任。这样提议的法律基础在于档案固有的主权属性，包括档案的外在形式与内容记录都显现了国家的主权属性。正因如此，尊重档案的主权属性是档案利用的前提，档案利用包含的国家权利体现在档案的继承权、追索权、管辖权以及保密权。

如前文所述，国家档案的继承意味着被继承国对有关档案的权利的丧失以及继承国取得相应档案权利，档案的继承权是国家主权的重要表现形式。因此，应当尊重档案的完整性与不可分割性，否则违背了档案作为原始记录的唯一性。

档案的追索权在国际法上存在争议。因为在某些历史阶段产生的档案会因为种种原因从原属国流失且其归属和历史相关，存在一定争议。但由于档案通常关乎一个国家历史的完整性以及延续性，因此一直受到各国重视。关于档案的追溯权行使必须是在证据确凿的前提下，按照合法合理形式追索。

管辖权在国际法上指一个主权国家享有对其领土及其领土域内的人、物或事可以行使管辖的权力。国家行使管辖权最大的阻碍就是管辖冲突，涉及当事人协议管辖即选择法律的真实意思、合法以及符合国家的公共秩序和善良风俗。

档案保密权属于国家保密权，即于国家宪法基础上的公权范畴，执行保密权的机关主要是政府职能部门。如果档案涉及的内容关系到国家的安全和利益，则应当依照法定程序被确定为秘密，即由所属国控制或者解密。依据我国的《档案法》，档案馆、图书馆已被列入政府信息资源公开的第一场所，通过档案的开放利用保障公民知情权。因此，档案利用的公开对内就是一种义务，对外是一种权利。

关于档案利用的义务主要体现在档案管理与利用的集体责任，这在联合国教科文组织通过的《档案共同宣言》中就已经明确，并将所有政府的管理者与决策制定者、公民、公共或私人档案馆的所有者或经营者、教育科研工作者等都列为档案管理与利用的主体，以促进档案利用发挥更大的作用。2016年第十八届国际档案大会的主题“档案·和谐·友谊”，即“首尔精神”，就是呼吁全球档案工作者用自己的专业技能和理论知识在数字化时代主动为全社会贡献力量，利用档案文件维护公正、实现和解等，促进全球档案界的和谐与友谊，进一步加强国际合作，体现了档案工作者的命运共同体内涵。

第四章

国家与国际组织法

对于国际法上国际组织的理解可以是国家依据条约设立的，具有一定目的、宗旨和一些常设机构的非国家实体。国际法上对国际组织的内涵有广义说和狭义说之分。广义的国际组织包括政府间的国际组织和非政府组织。而狭义的国际法上的国际组织只指政府间的国际组织。本章节研究的对象是狭义的国际组织，即政府间的国际组织。

政府间的国际组织普遍具有以下的基本法律特征。第一，国际组织的设立基础是由国际组织的成员方设立的，通常情况下，国际组织的成员方是国家。基于此，对于国际组织法律地位的理解应当是国家间的国际组织，和国家同属于国际法主体，具有平等性。第二，国际组织的成员方不仅仅限于国家，一些非国家实体也可以参与国际组织的设置以及加入相关组织。例如，欧盟作为一个具有独立法律人格的国际组织，是世界贸易组织的成员方。因此，国际组织的成员方虽然以国家为主，但在特殊情况下也可以是其他国际组织或国家某个地区。第三，国际组织主要是基于国际条约设立的，即国际组织中具有章程性、宪章性的法律文件，在国际法上具有法律约束力的文件。比如，联合国的建立就是基于《联合国宪章》成立的，而《联合国宪章》就是多个国家建立的多边国际条约。当然，并不是所有的国际组织都是基于条约成立的，国际组织也可以基于国际会议成立或者基于不具有严格法律约束力的软法文件成立。例如，亚太经合组织起初只是一个区域性的经济论坛和切磋机构，但之后通过宣言这种软法性质的文件成立。因此，尽管亚太经合组织的成立没有依据条约而设立，但它仍然是一个政府间的国际组织。第四，国际组织具有一定的常设机构以及法律人格，以保证其可以对内、对外正常交往。即，为国际组织与成员方之间以及非成员方之间的正常国际交往提供了法律保证。因此，在国际法上国际组织可以独立于其成员国的意志，以自己的名义从事国际交往，从而享有相应的国际法的权利，承担国际法上的责任，具有国际法的行为能力。但这并不意味着所有的国际组织都有独立的法律人格。例如，上文提到的亚太经合组织，就没有国际法上的独立法律人格。没有法律人格的国际组织，是不能和国际法上其他行为体之间独立缔结条约的。第五，国际组织是以一定的目的和宗旨设立的。本质上看，国际组织成立初衷是成员国在一定领域进行相关的制度化合作或处理相应的国际间特定事物而建立起来的。

第一节 | 国际组织的发展及作用

一、国际组织的发展历程

国际法上，政府间的国际组织是在19世纪发展而来的，起源于19世纪早期的多边会议外交，并且经历了几个重要的发展历程。第一个重要阶段是19世纪上半叶。此时，国际上的联系主要依赖国家之间，即欧洲各国之间联系。在这个阶段，为了更好处理国际事务而建立了相关的国际组织，主要通过国际会议进行国际事务的协调。1815年维也纳会议开启了长达百年的定期外交模式，各国通过均衡实力维持欧洲的和平，该时期在国际法上被称为"欧洲协调"，但这个时期的国际组织没有设立常设机构。因此，造成国际组织在该时期具有临时性、不稳定性和局限性。第二个阶段是19世纪下半叶。这个时期很多国际组织都纷纷设立了常设机构，定期召开国际会议，推动国际合作等。但这个时期国际组织所涉及的内容只局限于邮政、电报等技术领域，在政治、和平、安全等领域没有太多涉及，并未形成综合性的组织机构。第三个阶段是第一次世界大战之后，人类意识到维护世界和平是各国共同的国际责任。因此，加强国际合作不应当仅限于技术领域的合作，国际会议也不应当只协调技术性的事务。在这样的背景下，国际联盟组织应运而生，其权限也不仅仅包括了政治、经济以及和平领域，还包括了国际事务的各个领域和方面。但由于国际联盟的所有事务都需要各国达成一致，因此，在实践中国际联盟很难真正发挥作用推进国际事务的发展。不仅如此，国际联盟没有美国加入而缺少了大国强国的支持，导致其在国际实践中话语权和地位也很难真正发挥作用。第四个阶段是"二战"后的联合国成立。联合国成立后，美国、英国、法国等大国先后加入，之后世界范围内大部分国家也纷纷加入。目前，联合国是最为全面、普遍和权威的国际组织，其成立对人类的和平、发展、人权、经济、文化等都起到了重要的推动作用。之后，1980年到1990年，国际组织又趋于组织化的发展趋势，各个领域都建立了越来越多的国际组织。20世纪末到21世纪后的国际组织更是进入改革、调整和完善的阶段，以满足现代国家多样化的诉求。

二、国际组织在国际法上的作用

国际组织发展在国际法上起到至关重要的作用，在推动发展国际事务，促进加强国际合作以及国际争端解决等方面都扮演着不可替代的角色，具体表现在以下几个方面。第一，推动、加速国际法的制定和实施。通常情况下，国际法上国际会议、国际谈判都是由国际组织发起。例如，WTO（世界贸易组织）框架下的贸易协定体系，其运作基础就在于多边贸易谈判过程中达成的一系列协议。同时，国际组织某些决议具有软法或者直接具有法律上的效力，如联合国在国际和平与安全领域通过的决议具有建议性，属于国际软法。当然，有些决议就直接具有法律效力。比如，联合国安理会关于国际和平安全通过的决议，尤其针对破坏国际社会安全秩序或者有关侵略方面的决议具有法律上的约束力。

第二，国际组织对习惯国际法的形成和证明等要件上的影响，具体表现在一方面，国际组织可以在某些特定领域通过某些决议，这些决议可以代表大多数国家的意志和原理并形成法律确信。另一方面，国际组织在国际上针对各种事务发表的文件也可以被看作习惯国际法中国家实践的证明和证据。

第三，国际组织对国际法的实施和监督作用。目前国际上许多国际组织纷纷建立起条约机构从而对其各成员国起到监督其条约履行、实施的作用。这些条约机构往往有权要求成员国定期提交条约履行报告并对提交的报告进行评估。虽然该评估以及评议本身不具有法律约束力，却对条约的实施和发展起到重要监督和督促作用。例如，联合国下人权理事会定期要求（通常情况下是一年）各国政府提交关于其国家完成人权公约的情况说明，之后人权理事会针对政府工作报告进行评估和答复，从而起到督促各国遵守和履行人权条约的规定的作用。

第四，在国际争端解决上，国际组织也发挥着不可替代的作用。在国际争端解决层面，联合国六大机构中主要由联大（联合国大会）与安理会发挥重要作用。其中联大对国际争端解决职权包括讨论、调查并提出建议。联大对国际争端解决的职权范围是广泛的，大部分争端都可以进行讨论、调查、提出建议。但是，安理会正在处理的争端除外。并且需要注意的是，联大提出的建议不具有法律约束力。同样，安理会对于国际争端解决的职权范围也较为广泛，包括定性，即确定此类的国际争端是否威胁到国际的和平与安全，并根据事态的发展提出不同阶段的建议，敦促各方遵循这样的建议。安理会同样对国际争端有调查的权利，以便国际争端进一步解决。当安理会建议、调查都不能解决问题时，安理会可以行使执行行动职权以解决国际争端。

第二节 | 国际组织的机构设计及运作模式

一、国际组织的机构设置

国际组织的机构设置一般可以分为三个层次。第一层次是权力和决策机构，其职能主要对国际组织重要事务进行讨论并做出决定，具体包括定期召开会议讨论运作模式等重要事务。国际组织的权力和决策机构通常情况下被称为理事会，其成员主要为各国国家元首、政府首脑以及各国中各个领域的部长。作为国际组织的最高权力机构，国际组织的权力和决策机构决定着这个国际组织的内部事务，其作出的决议对内具有法律约束力，但对外不一定具有法律约束力。例如，联大是联合国的最高权力机构，其决议约束着联合国内各个组成机构，但对外并不一定具有法律约束力。第二层次是执行机构。一个国际组织的执行机构职能通常情况下是执行这个国际组织最高权力机构作出的决定或在最高权力机构空档期代为行使最高权力机构的一些职能，其名称一般叫执行董事会或总理事会。在一些特殊的国际组织中，其执行机构又被赋予了其他的职能。例如，欧盟作为特殊国际组织，其欧盟委员会可以直接和私人在反倾销、反垄断领域中对接。第三层次是行政机构或日常事务机构，其名称一般为秘书处或秘书局，主要负责其所在国际组织的日常行政事务以及信息沟通等工作。

二、国际组织的表决制度

通常情况下，国际组织表决制度是指依据国际组织章程性文件中规定的成员对组织文件、草案等决议的赞同或者反对的各种表示方法。当前国际法上国际组织的表决制度主要包括以下几种：第一，全体一致原则。顾名思义，全体一致原则要求在表决事务时每一位成员国都同意，其优势在于体现了成员国地位平等，决议结果代表全体成员国所有的共同意志。“一战”后建立的国际联盟就采用了全体一致表决制度。当然，这样的做法有很大的局限性，因为各国基于其政治、经济、文化、发展历史的不同，立场和利益也不尽相同，因此，在实践中要求所有事务都达成一致意见很难实现，导致处理国际事务的效率低下，甚至表决制度形同虚设，其中国际联盟就是一个典型的例证。基于此，之后的20世纪，很多领域建立起的新国际组织已不再使用这样的表决制度，以确保高效率地解决国际事务，提高国际效率。

第二，多数表决制度。多数表决制度是指通过有关事务时需要多数方的同意。多数表决制度是目前国际上的主流表决制度，其可以适用的情形包括：1.简单多数，即数量超过一半。2.特定多数，指赞成票数要超过规定的情形，例如超过总数的三分之二、四分之三等特定的多数才可以通过。实践中，联大的表决制度就采用了特定多数原则，根据《联合国宪章》，联合国大会决议重要问题必须超过三分之二的成员国同意才可通过。3.多数加特定成员统一制，即需要超过半数的成员国同意，同时也需要同意的成员国里有特定的一些国家。目前联合国安理会就采用该表决制度，其中安理会通过非程序性事项需要15个理事国中9个理事国同意，并且这9个理事国中必须包括5个常任理事国。很大程度上，多数表决制度的优点体现为多数民主制度并维护国际组织的效率，但其存在非常明显的缺点就是无法保护少数方的利益。

第三，加权表决制度。即分配投票时各成员方并不都具有相同的票数而是按照加权平均值计算。例如，国际金融领域通常采用的表决制度就是加权表决制度，即表决时依据成员国所认缴的、出资的多少分配表决权。因此，在评价分配的基础下，出资越多的国家最终分配的表决权就会越多。依据加权表决制度，有些成员国有更多的表决权，也会有更大的话语权，类似于公司法中股东会议里大股东有更多表决权。采取加权表决制度的国际组织主要有国际货币基金组织、国际复兴开发银行等。也正因如此，美国等经济发达的大国一直以来在这两个组织中有更大的话语权，占据重要地位。但随着我国经济的高速发展，出资不断增多，也逐渐在这两个组织中享有更多的权力分配。不仅如此，由我国推动投资建立的亚太基础设施投资银行也是采用加权表决制度处理事务。加权表决制度的法律合理性在于出资越多贡献就越大，话语权也因此更大，从而体现与责任相匹配的分配原则，具有经济层面的公平性。但加权表决制度也存在一定的局限性，由于加权表决制度是依据出资分配的单一标准，在实践中，就会存在有失公平的可能性，因为目前国际领域很多金融的问题不仅是经济问题，还可能涉及全球的经济大方向以及其他领域的问题，例如环境、发展等。仅从出资决定话语权可能会导致有失公平的不利后果。不仅如此，在加权平均表决制度下，小国的意愿也很容易被忽视。基于这样的弊端和风险考量，目前许多国际经济组织正在寻求改革。

第四，协商原则。协商原则是指在最终决定是否通过有关领域的决议之前，应当先由利害关系方进行协商讨论，以此寄希望得到利害关系方的同意与妥协，并最终在决议时不再反对。协商原则的优点在于其本质是通过广泛的磋商可以达成共识，从而体现所有成员方的意愿，具有很大的民主性，是民主和效率的有机结合，但其缺点在于并不适用所有的问题。因为一方面，有些成员方可能在讨论中存在不情愿的妥协，或在实践履行中大打折扣。另一方面，由于各国的利益和立场不同，并不是所有的国际事务都可以达成一致。尽管如此，协商原则仍在联合国决议时广泛使用。当然，如今国际组织通常依据不同事项的不同特征而采用综合表决制度，对于不太重要的国际事项，简单多数表决制度即可，但对于非常重要的国际事务，则采用加权和特定多数表决制度以及必要时采用协商原则。实践中，也有一些国际组织文件和实践是两种不同的表决制度，例如，世界贸易组织文件上写其决议采用各成员方每方一票的表决制度，但实践中本质却是由主流大国主导的表决制度。

第三节 | 国际组织在国际法上的地位及联合国制度

一、国际组织的法律人格及法律地位学说

为了履行国际组织的宗旨与职能，国际组织被赋予了国际法上的法律人格和法律地位。具体来说，国际组织的国际法律人格是指国际组织作为国际法主体地位的资格，也正是因为国际组织享有国际法上的法律人格，而被赋予了相应的国际法地位，并可以行使国际法上的权利，履行国际法上的义务，承担国际法上的责任。关于国际组织的法律人格和法律地位的学说，主要随着19世纪、20世纪国际组织的迅猛发展而进行讨论。目前，关于国际组织享有国际法上的法律人格已经没有任何争议了，但学界对于国际组织法律人格的依据，还是存在不同的观点。目前，主要的学术理论包括约章授权说、客观人格说以及隐含权力说三种。

第一个观点是约章授权说。该理论认为国际组织的法律人格取决于章程性的文件，即只有在组织条约中明确赋予国际组织法律人格的情形下，国际组织才具有法律人格。相反，如果国际组织的章程性文件中没有明确国际组织的法律人格，那么这个国际组织就不享有国际法上法律人格权。显然，这样的观点和实际情况存在一定的差异，其主要原因在于国际组织是不断发展更新并不局限于国际组织成立时起草的章程文件。因此，用章程性文件来束缚国际组织的法律人格是不合理的，并且如果按照这样的理论观点，现实中的大部分国际组织都将不再享有国际法上的法律人格权，而这与事实相违背。

第二个观点是客观人格说。这种观点认为国际组织的法律人格权不在国际组织的章程性文件中并且和国际组织的创立者初衷与意图无关联。即只要

存在国际组织这样的一个客观事物，那么国际组织就享有国际法上的法律人格权，其理论依据在于“存在即固有”原则。但这样的观点也存在一定的缺陷，即其忽视了国际组织作为国际法主体的一个派生性。与国家不同，国际组织不是天然的国际法主体，而是随着国家间的建立逐步获得了国际法上的主体资格。因此，国际组织是派生的国际法律人格具有派生性、有限性。

第三个观点是隐含权力说，该学说又被叫作暗含权力说，认为国际组织具有国际法律人格的依据由约章赋予。因此，该学说认为国际法律人格的依据不仅包括了约章的明示授权，还包括了履行职能所必要的暗含授权。该学说认为国际组织的章程性文件基于一定的目的和宗旨而设立并赋予国际组织一定的法律权限。也正因如此，这些章程性文件中应当对国际组织的法律人格、职能权限等都有一定的列举，但是国际组织的权限并不限于这些章程性文件的列举，还应当结合实践中国际组织的具体运作。这两部分共同组成了国际组织享有法律权限的范围。目前，该观点是国际法上最被接受的一个普遍学说，在实践中也通常被采纳。例如，1949年国际法院在履行联合国职务所受损害之赔偿案中就采用了隐含权力说。当然，不同国际组织享有不同程度和范围的国际法律人格。因此，实践中国际组织通常遵循“特殊性原则”规范。

正是基于国际组织在国际法上享有的法律人格，其也相应具有国际法的法律地位，具体包括享有缔约权、使节权、国际求偿权、特权与豁免权四部分内容。第一，缔约权，该权利早在国际习惯法中就有所体现。基于缔约权国际组织可以和其他国际法行为体（包括国家、成员国、非成员国以及其他国际组织）缔结条约。国际组织的缔约权规定在1986年的《关于国家和国际组织或国际组织相互间条约法的维也纳公约》（简称《维也纳公约》）中。作为实现国际组织职能的根本性权力的缔约权，其具体权力内容取决于该组织章程性文件中是否规定。当然，如果章程性文件中没有对国际组织普遍性的缔约权进行规定，也可以通过对章程进行解释而确立。第二，使节权，是国际组织享有接受和派遣外交使节的权利，即成员国、非成员国以及其他国际组织都可以向国际组织派遣常驻或者临时代表机构、派遣常驻使团和特别使团。例如，联合国框架下许多机构通常基于经济技术或者援助的目的而向受援助国派驻代表机构，或是联合国自身为了行使某类特殊政治使命而常派驻特别使团。第三，国际求偿权，指当国际组织如果自身遭受到损害或者其代表或职员遭受到损害时，有向侵害体提出请求损害赔偿的权利。第四，国际组织的特权与豁免权。国际组织本身享有一定的豁免，具体包括：1.司法管辖豁免，用于保证国际组织在其所有活动领域可以免受任何形式的诉讼程序。即在没有经过国际组织同意的情况下，不能将国际组织在各国法院作为被告。2.执行豁免。即国际组织享有免予被执行的权利，包括组织财产、资产的判决执行。因此，即使国际组织同意在一国法院作为被告，但如果国际组织对该法院的判决不满意，同样可以免予该判决的执行。3.财产豁免。财产豁免是指国际组织的财产、档案享有不受侵犯的权利，并且不得向国际组织收税。例外情形是当国际组织使用一国的公共设施时，需要向其交税。4.通信自由，即国际组织可以享有其官方往来通信不被检查的权利，其有权使用电码、信使和邮袋，并享有通信方面的最惠国待遇。以上这些豁免都是国际组织自身享有的豁免，其相应的代表、外派专家以及有关团体也享有以上豁免权。当然，国际组织豁免和国家主权豁免并不相同，因为国家主权豁免是国家基于主权而享有豁免权，而国际组织的豁免是行使其职能时因需而产生的权利。

二、联合国

1945年4月25日，全球50位各国家代表齐聚旧金山并共同起草了《联合国宪章》，该宪章的草案在1945年6月25日获得了全票通过。同年10月24日，经过安理会5个常任理事国和大多数签署国的批准，《联合国宪章》正式生效，联合国也因此正式成立。中国是联合国的创始会员国，是安理会五大常任理事国之一。联合国的创始会员国包括参加了1945年旧金山会议并签字的国家和当时没有去但后来签字的波兰，共计51个。其他国家被纳入到联合国。联合国的会员资格在联合国的宪章里有明确的规定，通常情况下，只要满足爱好和平以及遵守《联合国宪章》中的权利与义务即可。实践中其程序为，有意愿的国家可以向联合国秘书长提出，秘书长再将申请提交给安理会做决定，安理会同意后会向联合国大会建议加入。如果涉及实体性事项，则需要至少9个理事国同意，而理事国一共15个。对于联合国会员国资格的取消和终止，同样具体规定在《联合国宪章》中。常见的情形有：屡次违反联合国宪章的义务，安理会可以通过决议书方式对其进行开除。如果国家危害国际的和平安全并违反国际和平义务，安理会也可以通过召开会决议暂停该国的会员资格和特权。

联合国是当今国际上最具有普遍性、代表性和权威性的一般性政治性国际组织，也是迄今为止代表性最强、权威性最高、机制最完备的国际合作平台。联合国的主要机关包括以下几个。

第一，联合国大会。联合国大会由联合国全体会员国组成，其中每一会员国出席大会的代表不得超过5人。联合国大会下设六个主要委员会、两个程序委员会和若干特别委员会。其中，主要委员会包括第一委员会，关于裁军与国际安全；第二委员会，关于经济和金融；第三委员会，关于社会、人道主义和文化；第四委员会，关于特别政治和非殖民化；第五委员会，处理行政和预算等事务；第六委员会，处理法律问题。联大具有广泛的职权，在《联合国宪章》范围内或只要有关联合国任何机关的职权的任何问题或事项都可以进行讨论，并在宪章第12条第1款的限制下，向会员国或安理会提出关于这些问题或事项的建议。因此，概括地看，大会职权可以分为在一般事项上的权力和在维持国际和平与安全上的权力。

第二，安全理事会（安理会）。安理会的宗旨包括维持世界和平与安全，是联合国采用有效的集体办法从而对构成国际和平，以及对威胁和侵略采取行动的主要机构；安理会也可以发展和促进遵循“尊重人民平等权利及自决原则”为基础原则的国际友好关系；安理会在促进国际合作，解决国家间有关经济、社会、文化及人类福利性质的国际问题上也起到重要作用，可以促进国际对人权的尊重。安理会通常构成协调各国行为的中心，以达到以上的宗旨和目的。

安理会是联合国六个主要机关中位于首要政治地位的机关。目前，安理会由15个理事国组成，中国、法国、俄罗斯、英国、美国5个常任理事国和10个非常任理事国。非常任理事国由联合国大会按地区分配名额以三分之二的多数票选出，任期2年，交替改选，每年改选5个。改选时不得连选连任。每一理事国应有代表常驻联合国总部。安全理事会下设军事参谋团、两个常设委员会和其他辅助机构。安全理事会的职权主要体现在维护国际和平与安全、和平解决国际争端、制止侵略、拟订军备管制方案、（在战略地区）行使联合国的托管职能、建议或决定为执行国际法院判决而应采取的措施、与联大一起平行选举国际法院的法官、向联大推荐新会员国或联合国秘书长、向联大建议中止会员国的权利或开除会员国。关于安理会表决程序与决议的效力具体规定在《联合国宪章》第27条：安理会的每个理事国都享有一票投票权，关于程序性事项的决定，应当以9个理事国的可决票表决，而非程序性事项决定，则以9个理事国的可决票包括全体常任理事国的同意票表决，也就是“大国一致原则”。依照这个原则，只要有一个常任理事国投反对票，该决议就不能通过。因此，常任理事国享有特殊权力，即一票否决权。另外，非常任理事国的票数也非常关键，因为即使全体常任理事国同意，而至少7个非常任理事国投反对票，安全理事会也不能通过该决议，在国际法上称之为集体否决权。否决权是安全理事会表决制度的核心，但其权力的行使受某些限制。

第三，经济及社会理事会，其简称“经社理事会”，是在大会权力之下负责协调联合国经济、社会、人权和文化活动方面的机关，主要由54个理事国组成。理事国由联合国大会选举，任期3年，交替改选，每年改选三分之一。经社理事会下设各区域委员会、职司委员会以及其他辅助机构。经社理事会主要职权包括对国际经济、社会、文化、教育、卫生及其他有关事项进行研究并提出建议；提出为促进尊重以及遵守人权和基本自由的建议；针对其职权范围内的事项召集国际会议并拟定公约草案、提交大会；和各专门机构订立协定从而促进它们同联合国建立关系以及协调其活动；和有关的非政府组织进行磋商以及在大会许可前提下为会员国或专门机构提供服务。经社理事会每年举行两届会议，如果必要时还可以举行特别会议。每个理事国有一个投票权，表决采用简单多数制。

第四，托管理事会，是在大会权力下负责监督托管领土行政管理的机关。从联合国成立后，置于国际托管制度下的领土一共有11个。1994年，随着最后一块托管地帕劳的独立，托管理事会已成功完成其职能。《2005年世界首脑会议成果》文件决定结束托管理事会。

第五，秘书处。秘书处是负责处理联合国日常行政管理事务的机关，由秘书长和其他工作人员组成。秘书长是联合国的行政首长，由大会根据安全理事会的推荐任命，任期为5年。秘书处的其他高级职员由秘书长根据有关聘任规章按会员国政府的推荐进行正式委派。秘书长和秘书处职员是独立的国际公务员，只对联合国负责，和其国籍国无关，是为联合国任命工作的职员，不得寻求和接受任何政府或联合国以外的任何国家或政府的指示。联合国秘书处的职能非常广泛，包括行政管理事务，执行其他主要机关委托的任务，对国际争端进行斡旋和调解，管理维持和平行动，调查并研究世界经济趋势，处理自然资源和人权等专门性问题，实施技术援助计划，监督联合国各机构的决定的执行情况，代表联合国发言并同有关国家或国际专门机构进行交涉，组织国际会议，口译、笔译等各种发言和文件，等等。

联合国框架下还包括以下几个重要制度。第一，联合国集体安全制度。联合国集体安全制度是以安全理事会为核心，通过使用集体力量维持或者恢复普遍国际和平与安全的制度。《联合国宪章》第2条第4款是集体安全制度的核心基础和法律依据，联合国安全理事会和大会是该制度的两个主要实施机关。联合国集体安全制度和单边安全制度有本质不同。其中，单边安全制度可以是由单个国家维护安全的制度，也可以是通过两个或两个以上国家之间通过互助防御条约建立的安全保障制度，例如美国和日本或韩国的互助防御条约，又如北大西洋公约组织等。这些单边安全制度的法律基础和实施依据是习惯国际法和《联合国宪章》第51条的自卫权。因此，单边安全制度下行动的实施是防御性和临时性的，不包括预防性行动或先发制人。相比之下，集体安全行动是惯常性的，包括预防性行动。当然，尽管两者有本质不同，但集体安全制度与单边安全制度存在联系，例如，单边安全行动在一定范围内应当服从集体安全行动。

第二，维和行动制度。维持和平行动是联合国成立以来的重大国际创新，主要包括联合国领导的维持和平行动和安全理事会授权的维持和平行动。其中，安理会授权的维持和平行动由区域组织主导，而联合国维持和平行动是集体安全体制的重要组成部分，是指由安理会授权部署的、受联合国秘书长领导从而派往有关国家或地区执行帮助维持或恢复和平与安全或国内公共秩序的特派团，又称维持和平特派团。至今，联合国在世界范围内共开展71项维持和平行动，其中57项是1988年以来开展的。

第三，联合国改革机制。随着国际事务日新月异的发展，联合国也在推进改革，且比以往的任何改革都更加全面，影响更加深远，涉及联合国所有主要机关并包括发展、集体安全、法治、人权和民主等广泛的议程。在机构改革中，安理会改革是重中之重。扩大安理会组成规模已然成为国际社会的普遍共识，但对于安理会应扩大到多大规模以及新增理事国中是否包括常任理事国等重大问题各国仍存在较大分歧。联合国机构改革其实是一项非常重大的改革工程，直接涉及《联合国宪章》的修改。自联合国成立以来，只在20世纪60年代和70年代进行过两次宪章修改，并把安全理事会的非常任理事国从6个增加到10个，经济及社会理事会的理事国从18个增加到54个。但截至目前，联合国机构改革的阻力仍然十分严峻。中国政府的立场在2005年中国政府发布的《中国关于联合国改革问题的立场文件》中有详尽的表明。

第四，联合国专门机构制度。联合国的专门机构是指依据特别协定同联合国建立关系的，对某一特定业务领域负有广大国际责任的政府间专门性国际组织。因此，联合国的专门机构是政府间的组织并对某一特定业务领域负有广大国际责任，和联合国具有法律关系并且有独立的法律地位。专门机构的成员主要是国家，当然也包括有些专门机构允许非自治领土或地区加入，例如世界卫生组织和世界贸易组织，只不过这种成员的权力和国家相比，往往会受到一定限制。专门机构的组织体系一般以全体大会为最高权力机关，以理事会或执行局为执行机关，以国际秘书处为行政管理机关。此外，各机关还可以依据需要设立执行其职能所必需的其他辅助机关。专门机构普遍采用一国一票的多数表决制，但少数国际金融机构则采取加权表决制。

除了机构和制度，联合国框架下还有几层重要关系也存在动态的发展变化。

第一，大会和安理会的关系。大会和安全理事会是联合国维护国际和平与安全的两个主要机构，它们能够共同采取和平解决争端的方法来履行其机构使命。但集体安全行动和联合国行动是两个概念。其中，联合国行动根据1995年《联合国人员和有关人员安全公约》第1条，是指联合国主管机关根据《联合国宪章》设立并在联合国的权力和控制之下进行的，为了维持或者恢复国际和平和安全的行动或者为本公约目的，在安全理事会或大会宣布参加行动人员的安全面临特殊危险时进行的行动。而安全理事会是对维持国际和平与安全负有主要责任并唯一有权采取集体强制行动的机关。当然，联合国大会在集体安全体制中会受到安全理事会职权的制约。《联合国宪章》第12条第1款规定，当安全理事会对于任何争端或情势，正在执行本宪章授予的职务时，大会非经安理会请求，不得对该项争端或情势提出任何建议。因此，安理会对其正在处理的某项争端或情势享有建议垄断权，只要安理会没有提出请求，大会就不能提出建议。当然这种限制不妨碍大会讨论安全理事会正在处理的问题，并对此表示某种意见，例如持支持或反对的态度。这种限制也不适用于安全理事会提出请求。在此情况下，大会就可以提出建议。在联合国实践中，当安理会需要大会对某项争端或情势提出解决办法时，往往采用停止对该项争端或情势的审议，以此来解除对大会权力的限制。最后，这种限制还不妨碍大会对由安全理事会排他性处理的问题请求国际法院发表咨询意见。

第二，联合国和区域组织的联系。联合国和区域组织的联系主要体现在区域办法层面。即如果区域之间产生矛盾，安理会优先鼓励采取区域办法，优先区域组织解决涉及其所在区域的和平安全事务。但该办法的限制在于不得违反联合国的宪章宗旨并在区域办法采用时必须向安理会充分报告，安理会同意才可以行动。更重要的是，区域性方法不能涉及安理会的权限，比如采用武力，例外情形是有敌国侵略时，可以先采用武力，然后向安理会报告。

第三，我国和安理会的关系。我国和安理会的关系经历了内政外交的一个历史动态变化过程。在联合国创立方面，我国作出了积极贡献，是联合国的创始会员国，也是“二战”中世界反法西斯的重要力量。1978年改革开放后，我国和联合国有了更多的互动并于1990年之后，同联合国有了全方面的参与和交流。一方面，联合国对我国的改革和发展提供了必要的资金和专家帮助，促进和推动我国的高速发展；另一方面，在国际争端解决中，我国坚持推行以联合国为中心，以国际法规则为基础的和平争端解决方案。因此，可以说联合国和我国的关系是双向、互动的促进关系。

第四节 | 国际组织与国家关系

依据国际法和国家实践，国际组织与国家间的关系包括两个层面：第一层面，国际组织的主要成员方是国家，国际组织的本质是国家为了利益而在某方面或某领域达成国家间的国际合作并以组织化形式展现，国家制定相应的国际组织章程从而推动国际组织的发展。第二层面，国际组织与国家的互动关系，包括国家治理对国际组织章程及运作的影响以及国际组织对国家外交关系的凝合及话语权的具象。国际组织与国家第一层面的互动关系主要体现在国际组织的建立与发展初期阶段，而第二层面的互动关系则表现在国际组织发展成熟阶段。

其中，第二层面的互动关系在当今国际形势下表现尤为明显，本质是在现行国际法框架下国际组织与国家动态关系的表征。

首先，国内治理对国际组织的影响。可以说，国家治理对国际组织的影响体现在各个领域。例如，《联合国宪章》序言称："我联合国人民同兹决心，欲免后世再遭今代人类两度身历惨不堪言之战祸。"这里使用了"人民"一词，就是受到美国宪法的影响。又如，联合国人权委员会在起草《世界人权宣言》过程中很大程度上参考了秘书处汇编的各国的宪法以及一些国家自己提交的宪法与国内立法。正因如此，《世界人权宣言》中规定的社会、经济和文化权利就是受到苏联宪法、北欧国家宪法以及智利和其他美洲国家宪法的深刻影响以及其高度总结。

其次，国际组织对国家外交关系的融合。由于国际组织被建立的初衷就是国家间加强国际合作、促进外交关系、实现国家利益，因而国际组织天然的功效就包括了对国家间外交关系的凝合作用。例如，在文化交流领域，为促进国际文化的融合与发展，预防和避免文明的相互冲突，联合国教科文组织在国际文化合作、科学交流、教育等方面积极开展国际合作，缔结各项文化保护与发展的国际公约。又如，在国际贸易领域，世贸组织推行各国开放贸易壁垒、普惠制度等一系列贸易政策，为发展中国家参与国际贸易，凝合其与发达国家的经济合作起到了重要作用。

最后，国际组织内部是国家利益与话语权的具象与表达。如美国政治学家罗伯特·达尔所述，权力本质是让人做其本不可能做的事情。因此，随着国际组织19世纪后在国际上的迅猛发展，其内部组织与结构具象化地表现了在当今社会有限资源情况下各国的国际影响力与话语权。例如，国际组织的表决体系是其制度设计的核心，直接影响各国成员方对有关事项决定权的范围与大小。因而在国际金融领域，依据《国际货币基金组织协定》的有关规定，其表决制度采取加权表决制，在有关重大事项时需要总统票权的85%的表决通过，由此投票权比重超过17%的美国在协定的修订、选定与确立新总裁人选等事项上拥有“否决权”。

第五章

国家与个人法

国际法上个人的概念具有一定的特殊性，因为随着国际法理论的发展与完善，它既可以是国际法上的主体，也可以是国际法上的客体。尽管传统来说，国际法上的个人只是国际法上的客体，是国际法上的私人，主要指国际法中的自然人，是被国际法约束的对象。但随着国际法不断人文化和人本位化的发展，到了20世纪，国际法上的个人逐渐取得了主体地位。即，国际法上个人可以享有国际人权法中的权利，承担国际法义务，比如承担国际刑事责任等。同时，国际法个人还可以参与一些国际法活动，因而逐渐被学者承认其国际法主体地位。当然，和国家相比，个人作为国际法主体存在很多限制。此时，国际法上的个人不仅包括了国际法上的自然人，还包括了国际法上的法人。国际法上的个人制度主要包括三个方面：本国籍人法律制度、外国人法律制度以及特殊国际法个人的法律制度。

第一节 | 国际法上特殊的个人

一、难民

国际上对难民的规定主要体现在两个国际公约中，即1951年《关于难民地位的公约》和1967年《关于难民地位的议定书》。两个公约相比，1951年的《关于难民地位的公约》对难民权利、地位都有较为详细的规定。但此公约中关于难民的规定仅限于“二战”和相关国际关系中所出现的现象，具有很大的局限性。因此，1967年《关于难民地位的议定书》中对难民的规定进行了扩展，但这种扩展仍不能满足当今国际法的需求。比如，国内战争、灾荒难民等是否构成了国际法上的难民仍然在国际法上存在争论。国际实践中，叙利亚战争造成的难民被欧洲以德国为首的国家所接受为难民。但对于对待接受难民的程度、原则和规定都是由接受国依据本国制定的难民体系进行评判和接受，属于国家主权的内容，其他国家不得干涉。但需要注意的是，国家一旦接受难民，对其保护的最低标准是“不推回原则”。也就是说，国家对其所接受难民的保护的最低要求应当是提供难民可以生存的最基本的生活保障，避免其再度沦为难民，这也是“二战”之后形成的普遍共识。

二、跨国公司和非政府组织

跨国公司由于其强大的财力和国际影响力，其决策往往可以变革国际关系的发展。因此，跨国公司也逐渐取得国际法主体的法律地位。但国际法实践中，跨国公司却面临跨境管治的难题，即国际法上没有关于跨境公司的管治主体及准据法的具体的规定，但是跨国公司的行为规制以及责任承担都必须依照一个国内法的根基，这就导致应当依据东道国还是母国的法律在国际法上备受争议，从而产生了管治困境。

非政府组织是由各国的专家委员会组成的，有权对国际事务进行评估。因此，非政府组织很大程度上也推动了国际法的发展。例如，红十字委员会可以直接召集国家进行研讨，讨论并通过一系列国际法文件。因此，非政府组织影响了国际法的立法发展。甚至在一些国际法实践中，非政府组织的影响力超过了一些小国。关于非政府组织的法律责任，国际社会还在讨论和发展阶段，尽管在很多问题上达成了共识，但尚未形成统一的行为规范准则，尤其是关于非政府国际组织的法律责任，在国际法上仍然不明确，这也是非政府组织在国际法发展中面临的主要困境。

第二节 | 国际法上国家与个人的联系

一、国籍与国籍法

国际法上国籍的概念是区分本国人、外国人和无国籍人的重要标准。国籍作为一个法律概念，具体是指一个人拥有一个国家的公民或国民的法律资格。也就是说，一个人拥有一国的国籍就意味着这个自然人和该国存在稳定持续的法律联系，而不仅是文化、血脉的联系。当然，国际法上广义国籍的概念还包括公司、船舶和飞机等法人的国籍。通常情况下，这些法人国籍在国际法上的意义与要求一般和自然人的国籍要求规定基本相同。因此，国际法上，法人也有国籍。

通常讲，一个自然人与其所在国家有了国籍的纽带，就意味着这个自然人和该国家有着深层次精神和意识连接，自然人也对其国籍国有着天然的归属感，这是社会层面的链接。从法律层面讲，一个人一旦拥有一国的国籍，其就和这个国家具有某种意义上的法律关联，国家对其享有当然的统治与管理权，同时也可以基于属人管辖，对其进行外交保护。对于国家而言，国籍法的制定同样重要，通观国际法的发展与实践，国籍在国际法上的作用可以具体包括以下几个方面：第一，国籍可以确定一国公民的身份，是其确定身份的法律依据。第二，国籍确定身份后，可以明确相关自然人的权利，即这个自然人应当在此国享受本国籍人权利还是外国人待遇。第三，国家可以依据国籍对其本国公民行使属人管辖权。第四，自然人基于国籍应当对其所属国负有效忠的义务。

依据国际法，国籍问题原则上属于每个国家可以依据其国家主权进行规定的国内管辖事项。因此，每个国家可以通过制定本国的国内法决定其国籍标准。实践中，有些国家以宪法条款的形式规定本国国籍问题，当然也有些国家以出台单行法的形式规定约束本国的国籍问题。但由于国籍法本质上属于国内法，因此，基于各国在国籍立法上的原则、内容、方式等不同，伴随着国际交往的不断增加和各国人民的频繁往来，通常就会产生各国国籍法上的冲突，也就是说有些自然人可能会获得双重或者多重国家的公民身份，但有些自然人则可能因为国籍法之间的缝隙而沦落为无国籍人。国际法上，为了尽可能地避免或减少冲突，以及减少无国籍人的存在，各国之间通常会事先签订关于解决国籍问题的公约。从这个层面看，有关国籍的原则、规则以及规范不再拘泥于一国，而具有万国法性质，是国际关系中的一个重要内容。

依据国际法上的立法实践以及司法实践，目前，国际法上国籍的取得主要通过两种途径。第一种是原始取得，也就是自然人因其出生而取得一国的国籍。目前，国际上大多数国家都承认此种方式取得国籍。关于原始取得国籍的理论基础国际法上主要包括两种学说：第一种是出生地主义。出生地主义主要是基于国家的属地管辖权，也就是说因为此自然人出生在这个国家的领土范围管辖内，因此天然地获得这个国家的国籍，国家可以依据属地管辖对此自然人进行管辖。支持这种学说的国家包括美国、中国、墨西哥。第二种是血统主义，即自然人拥有该国国籍的原因在于自然人的父母双方或者一方有这个国家的国籍，并依照血统的继承而当然地获得该国家国籍。国际实践中，大多数国家采用混合主义，也就是出生地主义与血统主义的混合。

第二种国际法上通常取得国籍的方式是继受取得。国籍的继受取得是指个人依据申请、婚姻、收养、领土变更等方式导致国籍的变换，产生个人与国家法律关系的变更而最终取得一国国籍。其中，依据婚姻继受取得国籍是基于传统社会中女方的人格被男方吸收，从而依据男方的国籍确定女方国籍的方式。当然，在如今提倡男女平等的现代社会，通常情况下是按照婚姻住所地来确定。

国籍的丧失是指自然人在某些特定的情形下丧失了其某一特定国家的国

民身份。丧失国籍的情况可以依据是否遵循当事人的意思自治分为自愿和非自愿两种。其中，自愿丧失国籍是依照当事人的意思自治，具体可以包括当事人主动申请退籍，即当事人根据一国法律的规定向国家主管机关提出放弃或者解除其国籍的做法，通常结果为经过相关部门批准后，自然人自愿丧失此国国籍。相比而言，非自愿丧失国籍主要包括因为其他非本人意愿的情况而丧失了其国籍的做法，国际法上主要包括当事人取得了外国国籍，或者当事人因为婚姻、收养和认领等法律关系的发生与变化而丧失本国国籍。当然实践中，也有一些情况是当事人基于一些特定原因而被剥夺国籍，从而丧失其国籍的情况。显然，丧失国籍的法律后果是当事人和其原国籍国之间权利义务关系的随即解除，也意味着两者之间法律纽带的断裂，自然人丧失国民资格。对于丧失国籍的自然人来说，并不当然意味着其会沦落为无国籍人的法律后果，因为国际社会上很多国家也相应地规定了在某些情形下，自然人可以依法恢复其国籍。例如，依据《中华人民共和国国籍法》第13条，曾有过中国国籍的外国人，具有正当理由，可以申请恢复中国国籍。在上述案件中，中国大使馆也在第一时间联系中国政府，恢复了这些被遣返的人因取得美国国籍而丧失的中国国籍。

我国国籍法的历史发展可以追溯到清朝至民国时期。目前，最权威的关于我国国籍的单行法规定在《中华人民共和国国籍法》中，该法中明确规定，中国关于国籍的取得采用的是血统主义与出生地主义相结合的方式，并且依据中国的国籍法，中国不认可双国籍。

二、外国人的法律地位和待遇

国际法上外国人这一概念是指不具有其所在国境内国籍的人，广义上理解包括无国籍人。国际上的外国人通常可以分成两类：第一类是根据国际法享有外交和领事特权和豁免的外国人，也就是有特殊身份的外国人；第二类是普通外国公民。根据国际法和国际习惯，通常情况下第一类外国人会有特殊的法律规定，涉及外交领事等内容，而司法实践中规定的外国人的法律地位和待遇通常仅指代第二类普通的外国人。国际社会中，各个国家通常会制定法律法规明确一国境内普通外国人的法律地位，包括其享受的待遇等。这些事项是属于一国主权范围内的事，其他国家无权干涉。当然，国家在基于主权制定这些规则时，仍然应当有善意的义务照顾到外国人本国的属人管辖权并且必须符合国际法的一般原则和国际通例。

由于外国人处于居留国的属地管辖权之下，因此外国人有义务遵守居留国的法律法规。同样，外国人在居留国居留期间，也依法可以享受该国给予的待遇和法律规定的权利。目前，国际法上关于外国人的待遇原则一般包括以下几种：第一，国民待遇原则。简单理解，国民待遇原则是指国家在一定范围内给予外国人和本国公民同等的待遇。也就是说，在同等条件下，外国人享有和本国人一样或同等的权利与义务。本质上，国民待遇原则是把外国人当作本国人一样对待，外国货物和本国货物可以享受一样待遇。实践中，国民待遇原则一般体现在民事权利和诉讼权利等方面，而当涉及政治领域时，通常是对外国公民进行限制，例如，外国公民在我国不得从政。第二，最惠国待遇原则。最惠国待遇原则简单理解是指对待各个外国人的待遇一样，尝试在外国人和外国人之间画上等号。法律上讲是指授予国给予受惠国或与之有确定关系的人或事的待遇，不得低于现时或将来给予任何第三国或与之有确定关系的人或事的待遇。因此，最惠国待遇原则又叫“普遍最惠国待遇”。第三，互惠待遇原则。互惠待遇原则本质上是最惠之上还有特别优惠待遇。互惠待遇原则通常情况下是通过双边或多边条约进行规定。第四，差别待遇原则。差别待遇原则又叫不平等原则，主要包括两种，第一种是一国给予外国和本国人不同的待遇，第二种是对不同国籍的外国人给予不同的待遇。国际法承认差别待遇，但是不能存在歧视。

除了以上的原则之外，外国人待遇还包括以下几个方面：第一，入境。入境是指根据国家主权原则，国家可以决定是否允许外国人入境以及入境条件等。也就是说，国家没有允许外国人入境的义务。但需要注意的是，国家不得实行歧视性的限制或禁止外国人入境。第二，居留。国际法上的居留是指外国人合法进入他国国境后，可根据所在国的法律和有关国际条约，在该国短期、长期或永久性地居留。外国人在居留国的权利和义务由该国法律规定。是否允许外国人居留，也是由接受国依据国家主权原则自行决定。任何国家都不能主张其国民有在他国领土范围内行使居住的权利，同样，任何外国人也没有要求接受国必须准予他居留的权利。第三，出境。出境是指外国人想要离开一个国家时，一般可以由外国人依据自己意志自主决定。通常情况下，国家对于其境内的外国人不得禁止离境。例外的情形是外国人存在债务、犯罪等情形。当然，外国人出境也不完全是基于本人意志，在一些特殊情形下，居留国可以依据法律将居留在本国的外国人驱逐出境。

第三节 | 国家与个人的国际法律制度

一、外交保护

外交保护是指一国对在外国的国民，包括法人，当其合法权益遭到所在国违反国籍法的侵害而得不到救济时，可以通过外交途径向加害国求偿的行为。外交保护是19世纪重要的习惯国际法内容之一。1996年，联合国大会通过的第51/160号决议提出了对外交保护进行研究，并于2006年国际法委员会通过的《外交保护条款草案》中初步确立了外交保护的一些基本规则。

国际法上，外交保护主要包括以下几个方面。第一，外交保护的基本特征。依据2010年联合国大会第六委员会设立外交保护问题的工作小组探讨的外交保护问题，可以将外交保护概括具有以下基本特征：1.外交保护是国家的权利，也就是说实践中，国家以自己的名义依据主权原则提起外交保护。2.行使外交保护的原因在于国家的国民遭受到另一国的国际不法行为的损害。3.外交保护通过外交或法律的和平解决方式进行。可以包括谈判、国际司法或仲裁等，但不得诉诸武力或以武力相威胁，不得违反国际法。4.外交保护是责任国对其国民进行保护的义务，是国家主权原则中国家对内行使最高统治及管理权所对应的保护义务。

第二，外交保护的适用条件。依据国际法的发展与实践，国际法中的外交保护主体必须是本国的公民和法人，并且是在外国受到伤害。这个伤害可以是已经存在的事实，也可以是潜在的、一定会发生的伤害。因此，概括来说，外交保护的适用条件包括以下几种。1.外国的国际不法行为造成了损害或即将造成损害；2.受保护者具有保护国国籍即“国籍持续者”原则；3.用尽当地救济，即国籍国在为受害自然人或法人提出外交保护之前，该受害自然人或法人必须首先用尽责任国通过普通的或特别的司法、行政法院、机构提供的一切法律救济，其目的在于防止权利的滥用。

第三，外交保护的基础或者法律依据是国家的属人管辖权，而属人管辖权的本质就是将国民的权利当作国家权益的一部分。因此，国家对国民有保护其权利的义务。国际法上，外交保护在国与国之间行使，本质上也是处理国家关系的制度之一，因此在国际法法律制度之中，属于国际法规制对象。

第四，外交保护的结果。外交保护的最低结果就是国家之间进行和解和解决，包括当其国民遇到司法不公的待遇时，国家可能会去旁听。比较严重的外交保护的结果就是国家派出军舰进行护航从而保护其国民的利益。比如，中国为了保护中国商船的合法权益不受索马里海盗的侵犯，中国海军进入索马里海域护航，这是中国海军从2008年底开始在亚丁湾索马里海盗频发海域护航的一项军事行动。

除了本国籍人，外交保护的对象还可以包括无国籍人和难民，这在《外交保护条款草案》第8条就进行了明确的规定，即只要这些无国籍人和难民在受到损害之时和正式提出求偿之日在该国具有合法的和惯常的居所即可。这是基于人本位理念的发展，实质是对外交保护客体范围的扩大。但这里将外交保护的范围扩大到非本国国民的做法还是存在争议的。比如，法国认为此种扩大外交保护对象的做法完全没有得到各国实践的支持而提出反对。因此，对于此项国际法的逐渐发展，国际社会仍然在进行其合法性的探讨。

二、引渡

国际法上的引渡是指被请求国依据请求，把在其境内的被请求引渡人移交给请求国追诉或处罚的一种国际刑事法律合作。因此，本质上引渡就意味着这个国家将不会对该外国人进行保护。国际法上，国家没有引渡的义务，除非存在国家之间的条约义务。也就是说，一国是否接受他国的引渡请求，在没有条约义务的情况下，是由被请求国依据国家法律和主权自行决定。当然司法实践中，各国一般在互惠基础上进行，国家之间往往也会通过国内立法或者缔结双边或多边条约规定引渡问题。

在1990年，联合国大会通过的《引渡示范条约》中就明确了有关引渡问题的一般性国际法规则。第一，政治犯不引渡。这是国际法上长期的一项规则，也是国际上公认的原则之一。第二，请求引渡的主体与对象。请求引渡的主体即有权请求引渡的国家，依据国际司法实践，一般是罪犯国籍国、犯罪行为地国、犯罪结果发生地国等，这也是著名荷花号案确立的实践。引渡的对象即被请求国指控为犯罪或判刑的人。第三，引渡本质上是两个国家之间的外交行为。通常情况下两个国家之间就某种行为会签署引渡协定。第四，可以引渡的犯罪。国际法上与司法实践中，可以允许引渡的犯罪一般是普通刑事犯罪，且必须是请求国和被请求国法律都认定为犯罪的行为，即符合“双重犯罪原则”和“相同原则”。第五，引渡的程序：引渡程序一般是请求国提出正式的引渡请求，包括为什么引渡，罪名是什么，证据是什么等。国际法上，引渡请求一般以书面方式提出，包括注明安排移交罪犯的时间、地点、条件和交接方式等。在一些紧急情形下，被请求国还可以应请求国的要求对被引渡人进行逮捕。

近些年来，我国引渡问题主要集中在追逃赃款问题上，并取得了显著效果。而当外国向我国请求引渡时，依据我国法律，只有在同时符合下列两个条件时才准予引渡：第一，引渡请求所指的行为，按照我国法律和请求国法律均构成犯罪。第二，为提起刑事诉讼而请求引渡的，引渡请求所指控的犯罪必须依双方的法律均可判处1年以上有期徒刑或者其他更重的刑罚。当然，我国相关主管机关可以基于法定情况拒绝引渡。被请求国有特殊要求的情况下，在不违反我国法律的基本原则时，可以按照被请求国的特殊要求提出引渡。

三、庇护

国际法上的庇护又被称为“领土庇护”，是指国家基于政治原因而允许被外国追诉或受迫害来避难的外国人入境和居留，并给予保护。因此，本质上看庇护就是国家拒绝将这些外国人送给其他任何国家，而是通过外交等方式保护起来的制度。显然，庇护和引渡两种制度在国际法上是相对立的关系。国际法上又称为“庇护就是不引渡，引渡就是不庇护”。但不引渡不意味着庇护，因为有可能是由本国的法院进行裁判。

由于庇护是国家的主权行为，因此国际法上个人可以请求庇护，但是否给予庇护则是由被请求国自由决定。庇护的法律依据是国家的属地优越权，即利用其领土的优势。庇护的原则与程序主要依据一国的国内法，通常情况下许多国家的宪法也会包含庇护条款。比如，1982年中国《宪法》第32条就规定：“中华人民共和国对于因为政治原因要求避难的外国人，可以给予受庇护的权利。”

庇护与引渡还有本质的不同，在于对象。其中，庇护的对象主要是政治犯，即犯政治罪行的人，而引渡制度的对象则是犯有普通罪行的人。在国际法发展的实践中也出现了一种新型庇护，即外交庇护。外交庇护本质是指虽然被要求释放的当事人并不在一国领土范围之内，但这个国家仍然利用其使馆将其保护起来。外交庇护在南美等国家存在的情况比较多。同样，国际法实践中还存在一种军舰庇护，即在军航中保护起来。但是，这两种新兴的庇护并不在国际法上受到广泛的认可与支持。比如，以我国为代表的国家就对以上两种庇护持否定态度，认为是对领土主权的一种非法扩张。

第六章

国家与领土法

第一节 | 国家领土

一、国家领土的重要性和组成

目前，国家领土法是现代国际法体系中基础法律部门之一，其重要性位于国际法客体制度之首。国家领土可以是地理概念，主要是指位于国家主权支配之下的地球特定部分。但其也具有法律属性，是国家主权的重要基础，国际法上也有“无领土不国家”一说，领土为国家的生存和发展提供了物质基础条件。除此之外，国家领土的重要性还在于它是国家行使最高权力和排他权威的前提。因此，从这个层面看，国家领土不仅仅是地理概念、法律概念，更是政治概念。国家领土曾经是国家主权的所有内容，即除了国际习惯或者存在条约限制之外，国家行使领土主权就是在行使国家主权，不受任何限制。因此，国家领土在国际法与国际关系上，都显得十分重要，尤其在《联合国宪章》中确立了尊重国家主权和领土完整的基本原则之后，尊重国家领土的完整和不可侵犯就已经成为各国必须遵守的基本规范和国际交往的前提，各国在处理国际关系时也不得使用武力或以武力威胁侵犯任何国家的领土完整，这是《联合国宪章》规定的基本原则，也是构成国际强行法的重要内容。

一般情况下国际法中的国家领土主要包括领陆、领水、领空和底土四个部分。从这个层面看，国家是一个立体的综合性概念。其中，领陆是指国家疆界以内的全部陆地。领陆在国家的构成要素中是最基本的构成要素，依据国家实践，其包括国家主权管辖下的所有陆地和岛屿。在当代国际社会，目前没有哪个国家没领陆，因为没有领陆就意味着没有领土。因此，领陆是领土的最为根本的基础。

第二，领水。国际法上领水的概念是指国家主权管辖下的全部水域，包括国家的内水和领海。内水包括国家领陆内的水域和沿海国家海岸的内海。领海基线划分了内水和领海。领海基线向陆地一侧的海域叫内海水，靠近海洋一侧的一定宽度的海水带则称为领海。内水除了内海水还包括内陆水。其中，内陆水是领土范围内所有的水域，包括国内河流、界河、多国河流、国际河流、湖泊、内陆海和通洋运河等。这些河流因所处的位置不同而具有不同的国际法地位。其中，国内河流由于从河源到河口的位置全部位于一个境内，包括人工开凿运河等，因此，国内河流应在一国主权范围管辖下，是国家主权行使的当然客体。界河是指流经两个国家之间，边界线所经过的河流。比如，鸭绿江就是中国和朝鲜的界河。国际法上，通常情况下界河一般只对领国开放，不对非沿岸国开放。但具体如何划分和使用界河，通常情况下，国际上两个国家之间会签署相关的界河协议进行明确规定。

国际法上多国河流是指流经两个及以上国家的河流。通常情况下，多国河流对所有沿岸国开放，但不对非沿岸国开放。因此，沿岸国船舶可以沿着河流向整条多国河流航行。国际法上与多国河流类似的概念是国际河流，但国际河流是指流经数国最后通向海洋的河流。因此，国际河流与多国河流有很多相近的地方，但是在国际法上两者的法律地位并不同。根据国际条约的规定，国际河流需要对一切国家的商船开放，这项制度是基于1921年，在国际联盟的主持下国际社会缔结的《国际性可航水道制度公约及规约》，从而确立的国际上普遍认可的国际河流制度，其目的在于维护国际商贸的正常往来。该制度也成为国际法上具有普遍性的一项法律制度，具体包括：第一，国际河流对沿岸国的商船、军舰以及非沿岸国的商船开放。因此，可以说国际河流对一切国家开放但是对沿岸国的开放程度更高。第二，在国际河流航行时，各国的国民、财产以及船舶都应当享有平等的待遇。第三，沿岸国可以对其自己领土内的那段流河行使管辖权，包括警察、卫生、关税等方面。第四，沿岸国负责管理和维护在其管辖下的那一段河流，并且可以为维持和改善相关河流的航运征收相应关税。第五，沿岸国保留了沿岸航运权，因此，这个航运权通常不对外国船舶开放，而仅是一个沿岸国境内的两个港口之间的航运权。第六，必要时，可以设立国际法委员会并制定相应的规章保障航运。

相较之，湖泊和内陆海的法律地位具有同等性，都相当于领陆。但两者的区别主要体系在物理结构上。其中，湖泊是淡水，而内陆海是咸水。二者在国际法中作为法律概念，具有同等地位。实践中，当湖泊位于两个国家之间时，若国际法上没有特别的规定，则沿岸的国家通常以湖泊中心为界。

国际法上通洋运河虽然地理位置通常位于一国境内，但其两端接着海洋，因此往往构成了重要的国际要道，从而其法律地位和国内河流不同，是由国际条约规定的。国际上的通洋运河包括苏伊士运河、巴拿马运河等。

领空是指领陆和领水之上一定高度的空气空间。当然国际法上并没有规定领空到底有多高，因为关于领空的高度往往涉及国家主权问题。相比之下，底土具体指领陆和领水之下无限深度的地层，也是国家领土的当然组成部分，因而有学者称之为地下领土，包括地下水和一切自然资源。同样，国际法上也没有具体规定底土的深度，各国的国家实践也不同。

在国家领土上述各组成部分中，领陆是最基本的部分，而其他部分是领陆的附属部分，具有与领陆不能分离的关系，这是基于国际法理论中水域附随于陆地，上空和底土又附随于陆地和水域而形成的法律关联。因此，如果领陆发生变动，则附随于领陆的其他部分也将随之变动。当然值得注意的是，第一，并非任何国家的领土都必然包括以上几个部分，这些构成部分只是目前国家实践中具现出的国家领土的组成部分，但并不是国家领土构成的必要条件，比如蒙古国没有领海，只有内水。第二，国家领土不一定是连接成一片，没有分割和断开处的，比如群岛国、俄罗斯等。第三，领土具有固定性。这里的固定性是基于国际法上新兴的虚拟领土说以及浮动领土说。因为有部分国际法学者认为，一国的使馆、国有运输工具、军舰等可以视为这个国家的浮动领土，国家在这些领域可以行使领土主权，其他国家不得干涉。显然这样的提法和设想是存在问题的，与领土的固有性存在矛盾。比如，一片公海的海域上航行着一国的军舰，假设军舰就是一国的虚拟领土的话，那么其是否还有领海？显然这与国际法中的领土法体系相违背，不符合国际法上的实际情形，因而遭到较多质疑。

二、领土的变更与取得

由于国家领土曾经是国家主权的唯一内容，且国家领土对于一国的生存与发展至关重要，因此，关于国家领土的取得与变更在国际法中是非常重要的内容。传统上国际法对领土的变更和取得主要包括以下几种情形：先占、时效、添附、割让以及征服。下面就对这几种领土的变更方式进行分析。

第一，先占，也叫占领。国际法上的先占是指一个国家有意识地取得无主地主权的一种占取行为。依据国际法与国际实践，先占的主体可以是国家也可以是私人。但私人的先占行为必须获得之后国家的追认或者事先获得国家的授权，才可以被视为取得国家领土的一种方式，否则其行为不可归于国家。因此，先占行为是一种国家行为，其具体实施者可以不是国家，但是主体必须是国家。而先占的客体必须是无主地，即在国际上该土地不属于任何国家的领土，否则行为不构成先占。无主地要求这种土地或者完全无人居住，没有主权者，或者曾经有过主权者但之后为原属国所放弃。

国际法上对于先占的主观要素要求必须具有明确占领的意思表示，包括国家通过发声明、宣言或者进行通告等方式，而先占的客观要素是必须进行有效的占领。从国际法的历史考察上看，15世纪到16世纪的国际大发现时期，很多国家行为就构成了有效占领。当然，发现即为有效占领的行为在当代国际法中被否定。这是基于公平的考量，因为有学者提出，发现与国家取得领土所有权之间还存在选择权的空隙，并因此依照18世纪后的国际法，对无主地的有效控制才构成了客观意义上的先占行为。其中，依据国际法，有效占领必须满足以国家名义宣布占有该土地，并把它置于自己主权之下。同时，对该土地进行行政管理，设立行政组织，维持先占土地的公共秩序等。依据国际法，一旦国家实现有效占领，则先占行为即完成，所占领的土地即构成占领国领土的一部分，除非占领国从该土地上撤退或因其他情况失去了有效占有和控制，否则其他国家就不能用同样的方法取得该土地。国际实践中，对于一块完全不宜居住的地方，占领者如果从最初出现时起就一直处于绝对与没有争议的地位，那么从这时开始，就应认为占有已经完成，而且这样的占有属于完全占有。因此，1975年国际法院形成的对西撒哈拉问题的咨询意见就印证了只要是在国际社会和政治上有组织的部落或者有民族居住的土地，就不能被当作无主地，因为其已存在有效占有。

第二，时效。国际法上时效的概念源于国内法中的时效概念：一国长期、不间断、公开地占有和统治他国部分领土而取得该部分领土的主权。其中，时效就是依据有效控制原则确定领土的归属，即在足够长的一段时间内对一块土地连续不断并可以不受干涉行使主权的情形。当然，国际法上对于时效取得领土中有效控制的时间并没有作出一个具体的规定。因此，实践中只要持续在一定时间内得到被占国和其他国家的默许，且形成一种一般性信念认为现状符合国际秩序，即可以达到时效的客观要求。

时效概念起初来源于罗马法并被类推适用于国际法，但国际法上的时效区别于国内法，因为国际法上的时效并不以国内法上的“善意”为必要条件。因此，依据时效的要求，即使最初取得国家领土的方式是不正当或非法占有他国部分领土，但只要这种占有是长期、不间断和公开且稳定的，形成一种一般性信念，符合国际秩序，那么这个国家就被视为这块土地的合法所有者，类似于一种主张转化为国际习惯法的过程。其中，公开而稳定的占有状态就要求占领国对占领的土地不受干扰地行使主权，或者从相对一方来说，他国对被占领的土地不提出抗议或反对，抑或虽然他国曾提出抗议或反对，但以后不再继续提出抗议或反对的情形。因此，在判断时效取得国家领土的国际法律实践中，时效并不是单独存在的法律原则，而是辅助原则，并应当与其他国际法理论，包括默许、禁止反言、有密切关联等原则结合适用。时效和先占的最大区别在于对象不同，即先占针对无主地，而时效针对有主地。

第三，添附。添附的概念也源自国内法，是指一国领土通过自然作用或者人为措施而获得增加或者扩大。国际法上的添附可以包括自然添附和人工添附两种。其中，自然添附是指添附的形成过程是基于大自然。比如，河流入海口经过长期的冲刷所形成的三角洲就是自然添附。由于自然形成而造成的领土扩大是基于添附而当然发生的。所以，有关国家扩展它的主权无须采取任何特殊步骤，这是一项习惯国际法规则。因此，添附被认为是原始取得领土的方式。

当然，添附有自然添附和人工添附两种。自然添附是由于自然力的作用而产生新的土地，如涨滩、三角洲、新生岛屿、废河床等。人工添附是由于人工造成的，如围海造田、沿海国进行岸外的筑堤等。不过，这种人工添附有时涉及其他国家的利益，在未与有关利益国达成协议之前，不能进行这种添附。因此，依据国际法人工添附具有一定限制性，包括顾及相邻权等相关国家的利益。例如，基于公平原则，任何国家都不得通过改变其本国领土的自然状态，而使邻国领土的自然状态遭到不利。比如，界河沿岸国家不得围海造田。又如，一个国家不得在公海上建造人工岛屿。这些不合法的行为均不构成国际法上的添附领土。

第四，割让。国际法上的割让是指一国通过条约将其本国的领土转移给其他国家所有的改变与变更领土的形式。原则上，任何国家都可以基于主权将其部分领土割让给另一个国家，甚至可以割让其全部领土而与另一个国家合并。因此，国际法要求领土割让必须有转移领土主权的意思表示。国际上割让的方式可以是以条约为基础的和平的方式，也可以是强制性割让，即战胜国在战后和约中迫使战败国将其部分领土转移给自己。例如，法国将其路易斯安那州卖给美国，以及中国历史上基于不平等条约而进行的领土割让。其中，最典型的就是1894年的甲午战争。在该战争中，中国战败而在日本的胁迫下签订了《马关条约》。在该条约中中国将辽东半岛、台湾岛及所有附属各岛屿都割让给了日本。由于强制性割让通常是以战争或战争威胁方式导致的结果，目前已被当今国际法所废弃。实践中，强制性割让和非强制性割让是较为简易的、可以进行区分的，通常情况下非强制性割让是在平等、自愿基础上和平谈判的结果，方式常常为赠与、自愿合并、买卖以及交换等。

第五，征服。征服是指战争结束后，一国直接以武力占有他国领土的部分或者全部的方式并将其纳入自己领土中的取得该土地主权的行为。当然，仅仅征服本身并不当然构成国家领土的取得方式，只有在取得该土地主权行为发生后，征服才可以被视为取得领土的一种方式。国际法上通过征服取得土地的所有权需满足三个条件。第一，征服行为具有兼并他国的意思表示，比如发表正式合并的宣言等。第二，保持占有的能力，即该国可以持续占有该土地，不得退出。第三，如果征服对象属于他国的部分领土，则需要有战败国放弃失地的意思表示。但如果征服的是一国的全部土地，则需要战败国以及其盟国停止一切反抗等。

国际法上征服和强制性割让具有一定的相似性，即国家通过使用武力、战争等方式取得领土的所有权，但两者是不同的法律概念。其中，最为明显的是两者行为主体的数量不同。征服是战胜国的单方面行为而强制性割让则是双方国家的行为结果。因此，如果战败国在战后和平条约中同意将被征服的领土转移给战胜国，则这种取得领土的方式不再是征服，而是割让。当然，国际上的征服和军事占领也是两个不同的概念。其中，国际法上军事占领的概念只是暂时性的管理，但征服则是永久性地取得了土地的所有权。在战争持续期间，对领土的强制占有，无论征服者的最终意图如何，只要战争未结束，这种占领都不能赋予所有权。因为在发动战争被承认是一种主权权利和战争被认为是合法的时期，征服被接受为领土取得的一种方式。但目前在国际法框架下，通过征服取得国家领土已没有存在余地，因为根据现代国际法确立的原则，凡以取得领土为目的而发动的战争都不符合国际法。现代国际法实践中，也对征服取得国家领土的方式持否定态度。比如，1967年，以色列侵占了阿拉伯大部分领土和耶路撒冷，联大和安理会通过会议认为此种征服行为是无效的。又如，1990年，伊拉克通过征服的方式攻占了科威特，在国际上也被认为是无效的，国际社会也因此对伊拉克进行了制裁。

以上五种领土取得方式是国际法上传统方式。相比之下，现代领土取得的新方式更为和平，主要包括民族自决、全民公投、收复失地还有交换领土四种。其中，民族自决是指处在外国殖民、外国统治、外国占领以及外国奴役下的民族，具有自己决定自己命运和统治地位并且可以建立主权国家和自己处理内外事务的权利。民族自决权被视为国际法的基本原则，属于人权范畴中的国际强行法规范，是国际法由国家法转化为全人类共同法律的结果。民族自决权的实现既可以采用武力的方式也可以采取和平的方式，属于现代国际法禁止使用武力的例外情形。和民族自决权相比，全民公投体现的是生活在这片土地上所有公民的集体意志，有效的全民公投可能会产生领土变更的结果。其中，有效的全民公投包括三个要素。第一，全民公投的行为必须合法且具备正当的理由。第二，全民公投行为没有外国干涉、威胁或者操控的情形。第三，全民公投行为必须在联合国的监督下投票。最后，收复失地也是当今国际法下采用和平签署条约取得国家领土的一种方式。当然收复失地在极为特殊情况下可以使用武力。采用武力方式收复失地的例子如1961年，印度收回了16世纪在葡萄牙政府所占领的果阿地区。交换领土在国际法上也是现代国际法取得领土的一种方式，在当今国际法框架下通过收复失地取得国家领土的方式也是较为常见的国际实践。以上国家行为是《联合国宪章》允许的合法取得与变更国家领土的方式。

三、领土主权及其限制

国家领土主权是国家对其领土范围内的人和物享有最高统治和管理与对外排他性的一项独立权力。国家领土主权包含领土所有权以及领土管辖权两方面。其中，领土所有权是指国家对其领土本身以及领土范围内的一切自然资源享有占有、使用和处置的权力，而领土管辖权则是指国家对其领土范围内的人、物和事件行使排他性管治的权力。

关于国家领土主权性质目前有两种学说。第一种学说是空间说，又叫权限说。这种学说主要认为领土是国家空间的一种，国家仅享有管辖权。第二种学说是客体说，又称为所有权说。该学说体现了国际法赋予国家支配和处理其领土的权力。客体说是指无论土地是公有还是私有，国家都有对土地享有所有权。因此在客体说理论下，国家可以交换、买卖、赠与土地，并且依照客体说，国家对其领土范围内的一切土地和资源都享有占有、使用和支配的权力。国家领土主权不容侵犯，这是国家领土主权的核心要素，需要其他国家对该国的领土完整保持尊重。

但是，国家领土主权是有限制的。也即国家领土主权不是绝对的，而是固有的、最高的、排他性的权力。国际法上国家领土主权的限制一般表现在以下两个方面。第一，依据一般国际法规范对所有国家或者大多数国家领土主权的限制。比如，国家在实现其边境领土利益时不得对其他国家利益造成损害，即尊重国际法上的相邻权利益。第二，特定国家间依据国际条约对领土主权所进行的限制，必须是国家在平等、自愿的基础上达成的有效条约。

目前通过国际条约的限制是对领土主权主要的特殊限制，其形式包括共管、租借、国际地役和势力范围四种。第一，共管。共管是两个或两个以上的国家对某一特定的领土共同行使主权。例如，第二次世界大战结束后，英、美、法、苏四国对德国的共管。共管还可以是有关领土纠纷未解决之前的一种临时安排。第二，租借。租借是指一国根据条约将其部分领土出租给另一国的情形。依据国际法，如果租借行为是在自愿基础之上，则是合法的。当然，租借一般是有期限的，但在有些情形下租借可以具有永久性。但无论租期多长，租借所转让的都不是领土主权，而仅仅是领土的使用权和管辖权。因此，当租期届满，租让国可以收回租借地或者延长租期。基于领土主权，对于未到期的土地，租让国也有权收回，即便是永久租借的情形。第三，国际地役。国际法上的国际地役又称国家地役，是指一国根据条约对其领土主权所加持的一种特殊限制。据此，国家领土的一部分或全部在一定范围内为另一国家的某种目的或利益服务。国际地役这个概念源自罗马法，其本质是将领土主权类比于土地所有权的结果。因此，国际地役是根据国家之间的条约而产生的，其主体只能是国家。国际地役的客体是国家领土的一部分或全部，包括陆地、河流、领海、底土或领空等。当然从概念与行为角度出发，如果对领土主权的限制不是使国家的领土的一部分或全部本身为另一国家的目的或利益服务，则不属于国际地役。第四，势力范围。国际法上势力范围的概念是19世纪欧洲殖民国家在非洲将其占领渐次向占领地的内部或内陆推进的过程中出现的。为了实现在非洲扩大殖民地的计划而避免冲突，欧洲殖民国家订立协定以划分各自未来夺取领土的范围。因此，势力范围是指专门保留由已经有效占领了邻近土地的国家将来加以占领的那些土地。显然势力范围的概念违反国际法中国家主权原则，因而早已被国际社会抛弃。

第二节 | 边界和边境制度

一、边界条约

国际法上国家领土边界是分隔一国领土和他国领土的界线。因此，国际法上国家领土边界的作用主要是确定国家领土范围。国际上根据地理位置可以将边界分为陆地边界、海上边界和空中边界等。但依据国际法上“水依附于陆地”的原则，陆地边界是基础，其他边界最终都取决于陆地边界的位置。

依据国际实践，国家领土边界可以有边界标志，也可以没有边界标志。其中，以自然物为标志的为有形边界，例如界山、界河、界碑等。而国际法上以地球的经纬度或几何线标明的边界则为无形边界。其中，以经纬度为界的国际法上称为天文学边界，而以几何线为界的则称为几何学边界。海上边界、空中边界都属于无形边界。

从国际实践看，国家领土边界的形成有两种情况：第一种是由历史上逐渐形成的传统边界线构成。第二种是由国际条约划定。其中，通过条约划定边界的情形可以是多边条约，但更为常见的是双边条约。由于传统边界线往往具有不确定性，易于引起争端，所以这种边界也需要通过条约来确认。因此，国际上依条约划定边界是确定边界的通常做法，其益处在于根据条约划定的边界具有明确性和长期的稳定性。

二、边境制度

国际法上关于边境的划界程序包括：第一，定界。国际法上定界是指有关国家签订边界条约以确定两国边界的主要位置和边界的基本走向，并对边界线进行具体且明确的描述。当然，国际习惯通常是在订立边界条约时，如果以某种特殊的自然地形为界，则除历史传统或条约有相反规定外，一般适用以河流、山脉、湖泊或疆界内陆海为边界线。第二，标界。当边界条约签订之后，就进入标界阶段。国际上标界通常由缔约方的代表联合组成的划界委员会进行实地勘察并且在地面上实际标明疆界。当然如果情况需要，可以界桩、界碑或类似物体标明。第三，制定边界文件。在标界完成后，国际上有关国家就会拟定边界议定书并绘制地图。通常情况下，议定书及地图经双方代表签字或政府批准生效后就可以作为边界条约的附件。当然，国际上的边界条约为了更为清楚明晰，常常会附有地图，而地图是解释边界线时的一种证据。国际法上，地图作为证据的效力取决于与每个案件的相关程度及其在实质上的优势。如果地图与边界条约或议定书不一致，原则上应以边界条约或议定书为准，因为其具有法律约束力。

由于边界直接会涉及国家领土和主权范围，因此，边境是国家关系中最敏感的问题之一，国家之间有关边界的争端也在所难免。因此，对于敏感的国际争端问题如果解决不好就可能引起国家间的武装冲突，甚至爆发国际战争。对于边界争端的解决态度，国际社会认为边界或领土争端的解决和解决其他国际争端一样，也应当采用和平方法，包括谈判、协商、斡旋、调停、订立边界条约、仲裁或司法解决以及国际委员会解决等。在拉美一些国家，为了解决或避免边界争端，曾采用保持占有原则，即国家边界必须保持宣布独立时法律上原来的状态。这一原则的国际法重要意义在于可以对后来边界条约的适当解释进行帮助，也有助于有关国家边界保持稳定。因此，这一原则也被非洲统一组织（现在是非洲联盟）于1964年《和平和国际合作纲领》中适用于非洲大陆。实践中，国际法院和包括常设仲裁法院在内的仲裁都为高效和平解决领土或边界争端提供了丰富的国际法理论。

国际法上与之类似的是边境制度，但边境和边界是两个不同的概念。边界是分隔两国领土的界线，而边境是国家边界线两侧一定的区域。各国为了维护边境的安全秩序以及维持边界线和当地居民生活的便利等，相邻国家通常在边界两侧建立边境制度。因此，边境制度主要由两个方面的内容构成，第一是国内法的规定。比如，一国宪法体系中有海关条例、出入境管理条例、国境条例等规定。

第二是双边条约，包括相邻两国关于边境制度的条约。通常情况下，边境制度主要涉及下列一些事项：1.边界标志的维护。国际社会通常情况下都会在关于边境制度的条约和边界条约中规定双方国家的责任以保护边界标志，包括国际上防止边界标志受损失、位置移动以及各自负责修理和恢复本国一方境内的界标等内容。对于这些责任，沿界两国平时也享有对界标进行必要检查的权利，其检查形式可以是单独进行也可以是联合进行，并且双方沿界国应当教育各自边民注意保护界桩等。对于任意移动、损坏或毁灭界桩的人，两国可以视情节轻重予以追究责任。2.界河的利用及管理。通常情况下，界河是两沿岸国共有并可以共同享用的。因此，在河水的使用上沿岸国不得进行有损邻国利益的行为，比如污染、毒化河水或者使邻国一方遭受河水枯涸及泛滥的危害等。在河流航行层面，双方应该有平等的自由航行权，包括船舶航行不受主航道边界线路线的限制等。在捕鱼方面，双方国家可以在其边界线一侧的水域内捕鱼，但应当顾及与遵守双方约定的鱼类的养护和繁殖规则等。在岛屿层面，如果在界河中出现岛屿，则该岛屿归边界线一侧的国家所有；如果岛屿出现在边界线上，双方可以通过协商或订立条约的方式决定岛屿的归属。3.边境居民来往。由于边境居民会长期形成共同特性以及产生一些交往的需要，因此边境国家应当给予边境居民在航运、小额贸易、探亲访友、治病、朝圣等方面特殊的便利。当然这些便利不得违背关于一般外国人出入国境的正规手续的限制。4.边境争端的处理。与边界争端类似，关于边境方面发生的事端，相邻国家可以通过条约设立边界委员会或其他负责边界的主管当局，并设立处理争端的程序。因此，依据国际实践，除了特别严重的事件须通过外交途径解决之外，通常边境上发生的事件包括偷越国境、毁损界标等都可由双方指定的边界委员会或其他主管当局共同处理。

第三节 ｜ 南极和北极

一、南极

随着18、19世纪英国、法国等国家对南极的探险和考察的深入，20世纪初起这些国家相继对南极提出主权要求。其本质原因在于南极具有丰富的自然资源和重要的战略地位。基于此，1908年英国首次对南极提出主权要求。之后，新西兰、澳大利亚、法国、挪威、巴西、智利和阿根廷等也开始对南极提出主权要求。当然这些领土要求存在很多重叠。但值得注意的是美国和苏联没有承认任何南极领土要求，自己也不提出南极领土要求。

国际社会为了缓解国家之间对南极领土的重叠要求以减少这些国家在主张地区的争端甚至爆发的冲突，从而解决各国的权利要求以及促进南极科学考察的国际合作等，1959年12月1日，由美国主导的英、美、苏、法等12个国家在华盛顿签署《南极条约》，建立了适用于南纬60°以南的南极地区的国际法律制度。该条约于1961年6月23日生效，主要包括以下几点内容：第一，南极地区只能用于和平的目的；第二，各国在南极享有科学考察的权利；第三，冻结所有国家对南极领土的要求；第四，各国可以对南极地区进行视察；第五，建立缔约国协商会议制度，一年一次会议。

1983年6月，中国正式加入了《南极条约》，并于1985年成为《南极条约》的协商国。同年，中国建立了第一个常年科学考察站，即长城站。目前，中国已经在南极建立的科学考察站包括长城站、中山站以及昆仑站。

为了保护南极环境和资源，南极条约国还签署并制定了和《南极条约》有关的条约和文件，形成以《南极条约》为核心的“南极条约体系”。2003

年，南极条约秘书处在阿根廷首都布宜诺斯艾利斯成立。

二、北极

北极地区是指地球北极圈（即北纬66.5°）以北的区域，该区域中绝大部分是冰封的海洋。但随着全球变暖，北极冰川开始不断融化形成北极航道，并分成了西北和东北两条航道，其地理位置也受到了各国的重视。正是因为如此便捷的交通要道，北极也蕴含了很大的商业价值，因此其又被称为是“地球尽头的中东”。同时，北极也有很重要的资源价值。比如，石油、天然气储量分别占到世界总储量的13%、30%。更主要的是，北极的温度影响着全球的温度，因此对于北极的环境保护是全球共同的课题。

1909年，美国探险家皮尔里在北极升起美国国旗，引发了国际社会对于北极地区是否可能成为占领的客体的广泛讨论。然而事实上，北极地区周围的陆地已被美国、加拿大、挪威、丹麦以及俄罗斯这几个相邻的国家划分。

目前国际社会关于北极地区尚未达成统一适用的单一国际公约以确定其法律地位，因此有关北极的法律制度仅涉及关于北极地区的科学研究和环境保护。但关于北极地区的环境问题有一些软法性质的文件已经签署。例如，1973年加拿大、丹麦、挪威、美国和苏联签署了《保护北极熊协定》。1990年，北极地区的国家成立了国际北极科学委员会。1991年，北极八国国家首脑会议发表《北极环境保护宣言》并制定《北极环境保护战略》。1996年，八个北极国家建立北极理事会。2011年，北极理事会通过《空中和海上搜索救援合作协议》。2013年，北极理事会国签署《北极海洋石油污染预防与应对合作协议》。2017年，美国、俄罗斯、加拿大、挪威、丹麦、冰岛、中国、日本、韩国和欧盟通过《预防中北冰洋不管制渔业协定》。2017年，北极理事会《加强国际北极科学合作协定》生效等。

我国也非常重视对北极地区的科学考察和研究，具体表现在1991年加入国际北极科学委员会，并于1999年起进行了多次北极科学考察。2013年，我国成为北极理事会正式观察员国。关于北极地区的保护精神也体现在我国的法律之中：2015年《中华人民共和国国家安全法》第32条规定，国家坚持和平探索和利用极地，增强安全进出、科学考察、开发利用的能力，加强国际合作，维护我国在极地的活动、资产和其他利益的安全。2018年，中国发布第一份北极政策文件《中国的北极政策》白皮书，主要介绍了北极的形势与变化、中国与北极的关系、中国的北极政策目标和基本原则，以及中国参与北极事务的主要政策主张。

第七章

国家与海洋法

第一节 | 导论

一、海洋法的发展历程

目前国际法上最为完备的法律体系就是国际海洋法体系，其研究客体海洋，是指地球表面被海水覆盖的区域，占据地球总面积的71%，是人类赖以生存的必需品。传统时期，在古罗马时代，海洋和空气一样是人类的“共有之物”，每个人都对海洋有平等的享有权，可以自由地使用任何地区的海域。但也有一些国家，如古希腊、古印度等国，其国内法也有关于海洋的规范。尽管如此，总体而言，这个时期的海洋法还没有形成当代国际海洋法体系。

关于国际海洋法权利的争论是随着罗马帝国势力的扩展开始的，这个时期的罗马统治者开始主张其对部分海域拥有绝对的控制权。到了中世纪，欧洲君主正式宣布对其控制下的海域拥有绝对的“领有权”。到了15、16世纪地理大发现时期，各国对海洋权利的争夺不断加剧。但由于对海洋的分割严重阻碍了资本主义的商贸稳定和经济发展，因此引发了控制海洋与反控制海洋的斗争，具体表现在1609年，荷兰国际法学家格劳秀斯发表著名的《海洋自由论》，明确提出了海洋自由的观点，认为海洋既不能被占领，也不能因使用而枯竭，是被各国共同利用合作的区域。但格劳秀斯的海洋主张遭到一些国家和学者的反对，例如，英国学者塞尔登在1618年《闭海论》一书中提出反对观点，认为英国君主有权占有英国周围的海洋。到了18世纪，由于资本主义生产关系的日益发展和海上贸易的日益扩大，已经没有任何国家可以完全控制海洋。因此，公海自由原则得到越来越多的国际法学者的承认。19

世纪，“公海自由”原则在理论和实践中都被承认和肯定下来。基于此，国际领海制度也相应地被确立。20世纪，尤其是在第二次世界大战以后，随着科学技术的迅猛发展，国际海洋法被推到了一个新的发展高度，并逐渐发展成为国际法上一个相对完整和独立的新部门。目前，国际海洋法体系的内容是对各种海域的法律地位及其相关制度，各国在各个海洋海域中的权利、义务，以及各国在利用海洋方面的规则和争端解决办法进行的汇总与编纂。

二、海洋法的编纂

20世纪后，随着国际习惯法在海洋权利和海洋制度方面的日趋成熟和统一，国际社会开始对海洋法进行系统性的编纂。最初尝试始于1930年由国际联盟主持在海牙召开的国际海洋法编纂会议。这次会议主要对国际海洋中的领水问题进行了详细的讨论，但由于与会国家在领海宽度问题上无法达成相对统一的意见，这次会议的成效并不大，没有通过相对系统的国际海洋法公约，而只是通过了一项《领海法律地位条款草案》。

第二次世界大战后，联合国国际法委员会于1949年再次把海洋法列为优先考虑的编纂项目之一。1950年，国际法委员会开始草拟海洋法公约草案，并于1956年完成。但以上都是一些草案的通过，国际社会在国际海洋法领域真正取得实质性成果的是1958年由联合国召开的海洋法会议，这次会议通过了《日内瓦海洋法公约》，包括《领海与毗连区公约》《公海公约》等。由于第一次联合国海洋法会议未能在领海宽度和渔区问题上达成共识，1960年在日内瓦举行了第二次联合国海洋法会议。由于各国对领海宽度的意见仍然存在重大分歧，因此这次会议无任何结果，其中主要的争议点在于各国对领海宽度问题难以达成一致。

领海宽度问题的分歧主要在于发达国家与发展中国家主张领海宽度的数字存在较大差异，同时，基于领海法律地位的特殊性，各国对于领海宽度的主张争论不休。其中，发达国家主张窄领海宽度，但一些发展中国家以及一些不发达国家则主张宽领海宽度。直到1982年，在牙买加蒙特哥湾举行的最后一次会议上才通过《联合国海洋法公约》。自该公约通过以来，对公约法体系最重要的补充是采用执行协定的方式，该公约也确定了领海宽度等基本法律问题，在国际海洋法的发展和国际海洋法体系的完整性方面起到举足轻重的作用。

第二节 | 国家海洋权利及其划分

一、基线和海洋权利

依据《联合国海洋法公约》，海洋法中的基线可以分为正常基线和直线基线两种，这也是1951年英国与挪威渔业权案后确立的基线划分方法。其中，正常基线是指低潮线，也就是海水退潮的时候，退到离陆地最远的那条水路交界线。正常基线适用于国家沿岸线比较平直的情形。而直线基线则来自国家实践，即英国与挪威渔业权案中挪威的国家实践，并由国际法院加以确定，直线基线是指连接各适当点的直线。显然，直线基线适用于海岸线曲折或者沿海有多海湾以及岛屿的国家。我国目前采用的就是直线基线。我国于1996年就公布了包括西沙群岛在内的77个基点，到了2012年9月，我国又公布了钓鱼岛的直线基点，至此，完成了我国所有的基点公布。

从确定基线开始，一个国家就可以划定其海洋权利的范围。也就是说，基线的确定很大程度上划分和确定了这个国家的海洋区域和权利。国际法中国家海洋权利是指国家拥有对其海洋空间的领海、专属经济区和大陆架的权利，而这些权利主要来自国家对陆地的主权，也就是国际法中的“陆地统治海洋”原则。

二、内水、领海、毗连区制度

海洋基线确立后，各国可以基于此明确国家的海洋权利。依据国际法，一国在海洋法中享有的权利包括主权、管辖权以及一些专属性的权利，这些权利体现在海洋法的具体制度中。依据靠近陆地由近及远的原则，国际海洋法中的第一个制度即内水、领海和毗连区制度。其中由于内水是领海基线面向陆地一面的水域，内水有时也被称为内海，当然在群岛国的特殊情形下，群岛基线所包围的水域不被称为内水，而称群岛水域。群岛国的内水是群岛国按照《联合国海洋法公约》中有关河口、海湾和海港的规定，在其群岛水域内用封闭线划定的水域。因此，群岛水域不是群岛国的内水。

基于国际法中“水依附于陆地”的原则，内水的法律地位和陆地领土相同，沿海国对其内水享有完全排他性的主权，具体包括外国船舶非经沿海国允许，不得在其内水中航行，除非船舶遇难或承担了相应的条约义务。对于驶入或停泊在内水中的外国船舶，沿海国对其享有刑事管辖权和民事管辖权。在国际司法实践中，船舶上所发生的事件只要不牵涉沿海国的利益或是发生了纯属船舶内部的事项，沿海国一般情形下并不会对该事件行使管辖权，而由船旗国自己负责。内水与领海都是沿海国领土的组成部分，二者的区别主要在于外国船舶在内水中不享有无害通过权，例外情形是如果采用直线基线的效果使原来并未被认为是内水的区域被包围在内成为内水，那么此时外国船舶在此种水域内享有无害通过权。

内水制度中还涉及一国的港口和海湾。其中，海洋法上的港口是指在海岸线上具有天然条件或者由人工建造的便利船舶停泊或者上下客货的地方，这就涉及港口对外国船舶是否开放的问题。关于这个问题，通常情况下由沿海国自由决定，但一般情况下，出于国际交往的需要，国家通常会指定一些港口向外国船舶开放。也就是说，国际上只要满足港口国规定的入港条件，外国船舶即可入港。当然，入港的外国船舶需遵守港口国关于港口秩序的法律规章。

另一个问题是海湾。国际海洋法中的海湾是指其沿岸属于一国的明显的水曲，依据《联合国海洋法公约》，海湾是以横越水曲曲口所画的直线为直径，向海岸画一半圆，如果这个半圆的面积等于或小于水曲的面积，该水曲即为海湾；反之，则不能视为海湾。

国际海洋法中的领海是指沿海国的主权及于其陆地领土和内水以外邻接的一带海域，在群岛国的情形下则及于群岛水域以外邻接的一带海域。国际社会上，关于领海的宽度曾经是长期争论不休的问题，各国出于国家利益的考量，对于领海具体宽度问题一直无法达成一致，甚至分歧非常大。历史上曾经出现过许多关于确定领海宽度的主张和方法，主要有航程说、视力说和大炮射程说，其中大炮射程说的影响较大，直到第三次海洋法会议通过的《联合国海洋法公约》明确规定了领海的宽度和计算方法。依据《联合国海洋法公约》第3条规定，一国可以主张的领海宽度是从领海基线起算，向外不超过12海里。在这个范围内，各国可以自行决定领海宽度。因此，各国都有自行确定其领海宽度的权利，这是基于国家主权行使的权利，并且各国所确定的领海宽度最大为12海里。也就是说，《联合国海洋法公约》并没有将12海里规定为各国统一的领海宽度，各国可以根据自由意志自行决定。但是国际上12海里却是绝大多数国家采用的领海宽度，主要出于使国家海洋权利和范围最大化的考量。当然，也有的国家还在其特定海域采用3海里领海宽度。

早期各国对领海宽度规定的争论主要体现在，英美等发达国家主张窄的领海，认为领海宽度应当是3海里。这样的国际主张表面上是体现海洋自由，但实质上是因为这些发达国家的海洋力量更加强大，从而其主张的自由范围越大，越有利于该国家的发展。相比之下，发展中国家则认为领海宽度越窄越好。比如，秘鲁、智利就主张领海宽度是200海里。这样的国际主张是基于这些国家经济落后，科技不发达，因此对海洋的控制力相对较弱，主张宽领海就更容易实现这些国家的领土海洋安全。我国在1958年《中华人民共和国政府关于领海的声明》和1992年《中华人民共和国领海及毗连区法》中都明确规定了我国的领海为12海里。

除了领海宽度，我国领海制度中还包括一个重要的部分就是领海法律制度，具体包括三项权利，即沿海国对领海的主权、外国船舶的无害通过权以及领海内的管辖权。

第一，沿海国对领海的主权是指由于领海是沿海国领土的组成部分，因此受到沿海国主权的支配和管辖。沿海国的领海主权范围包括领海的水域、上空、海床及底土部分。

第二，外国船舶在一国领海区域内享有无害通过权，这是国际法上公认的规则。无害通过是指外国船舶可以连续不断地、迅速地通过一国的领海。也就是说，只有满足连续不断、迅速通过两个条件才符合无害通过，否则就是有害通过，需要承担相应的国际后果。因此，外国船舶在经过一国领海时进行科学研究或者从事军事演习等国家行为都是不被允许的，具有非法性。

外国船舶的具体定义是什么？国际法上存在一定争论，争议点主要在三方面。其一，外国军舰是否属于外国船舶？对于这个问题，国际法上并没有达成统一共识。发达国家认为外国军舰属于外国船舶，因此发达国家认为军舰和商船一样享有无害通过权。但以我国为代表的发展中国家对这样的观点不认可，认为外国船舶仅仅指代外国以商业为目的的商船。在我国，如果外国军舰想从领海区域无害通过，就必须事先经过我国政府部门的同意，这也是我国在批准《联合国海洋法公约》中特别强调的一点。其二，外国飞机从他国上空飞过是否享有无害通过权？显然，这属于国际法中空间法的内容，不在海洋法领域中，所以不是无害通过。其三，外国的潜水艇是否属于外国的船舶，可否享有无害通过权？这个问题国际社会上不同国家也存在分歧。发达国家普遍认为外国潜水艇是无害通过权的客体，但发展中国家仍然以限制解释外国船舶为主，认为只有普通的在水面之上航行的外国商船才属于外国船舶。实践中对于外国潜水艇，国际法上一般都将其视为军舰，但是要求潜水艇在享有无害通过的时候必须浮在水面并且展示自己国家的国旗。尽管如此，我国仍然认为外国潜水艇不构成无害通过权的权利主体。因此，如果外国潜水艇通过我国领海时想无害通过，那么前提是必须提前经过我国政府有关部门的同意。

第三，领海内的管辖权。沿海国依据国家主权，依法可以对其领海内的人、物或事件享有管辖权，但管辖权的行使应当受国际条约或国际习惯的限制。

国际法中对于领海的划界可以遵循以下原则。当两个海岸相邻或相向国家的领海主张发生重叠时，就可能会引起领海划界问题。国际法上一般是根据关于领海划界的《领海与毗连区公约》第12条和《联合国海洋法公约》第15条的规定，在彼此没有相反协议的情形下，有关国家应当采用等距离，即中间线原则划定领海界线。但是，如果存在历史性所有权或其他特殊情况而有必要采用不同的方法划定两国领海的界线时，则不再适用该原则。因为，这些例外情形是国际法中等距离原则适用的例外情形。

下面是国际法中关于毗连区的规定。国际海洋法中的毗连区是指一些具有特殊性的海域，即邻接领海并由沿海国对某些事项行使必要管制的一定宽度的海域。国际法上，国家在毗连区通常享有对海关、移民、财政、卫生等四个事项的管辖权，并不享有主权。也就是说，如果一个国家宣布了专属经济区，那沿海国除了在上述事项上有管辖权外，其他事项适用专属经济区制度，即适用其所依附的海域的相关制度。但如果国家没有宣布专属经济区，那沿海国对上述事项有管辖权，其他事项适用公海制度。国际海洋法中的毗连区种制度源于1736年英国的《游弋法》。该法中就明确规定对于距离海岸5英里的海域内形迹可疑的船只，沿岸国可行使监督、检查权。之后，美国也通过一系列类似的法律，规定在距岸的一定范围内，美国可以采取关税措施或反走私措施等。其他许多国家也陆续纷纷制定类似法律，在领海外设置一定宽度的、行使不同权力的特别区域。

《领海与毗连区公约》和《联合国海洋法公约》都对毗连区宽度作了明确规定。《领海与毗连区公约》规定为从领海基线算起，不得超过12海里。《联合国海洋法公约》将毗连区的宽度改为从领海基线量起，不得超过24海里。具体的规定由国家依据主权决定，但不得超过《联合国海洋法公约》规定的24海里。中国《领海及毗连区法》规定，中国毗连区的宽度为12海里，并且中国有权在毗连区内，为了防止和惩处在我国陆地领土、内水或者领海内违反有关安全、海关、财政、卫生或者入境出境管理的法律、法规的行为行使管辖权。值得注意的是，我国法律中增加了对于“安全”事项的管辖权，这是一项国际法中的创新实践。

三、国际海峡和群岛水域

国际法上具有地理意义的国际海峡通常可以依据不同的标准进行不同角度、层次的分类。但法律上的国际海峡一般是指那些“用于国际航行的海峡”，因此，也有学者将用于国际航行的海峡称为国际海峡。

国际海峡这一概念最早出现在1949年“科孚海峡案”中，在该案件审理完结后，国际法院作出判决时明确指出，外国军舰在用于国际航行的海峡中可以享有无害通过的权利，对于这项权利，沿岸国不得禁止。这样的判决及其观点被国际法编纂于《领海与毗连区公约》的第16条第4款。之后，经过第三次联合国海洋法会议上海峡沿岸国与海峡使用国的反复协商，最终形成了新的海峡制度，用于国际航行的海峡，明确清晰地规定在《联合国海洋法公约》第三部分。

目前，关于国际海峡制度需要注意的是，第一，《联合国海洋法公约》中没有对国际海峡作出明确定义。第二，国际海峡的通过制度不应当影响海峡内任何内水区域、领海、专属经济区或公海的法律地位。由于国际航行的海峡是两端连接公海或专属经济区专门用于航行的海上通道，因此，国际海峡产生的背景是《联合国海洋法公约》颁布之后，很多国家主张12海里的领海宽度，导致许多过去用于国际航行的海峡变成了国家的领峡。如果按照公约的规定，似乎应使用无害通过权，但该权利受到很大的限制，从而不利于国际航行，因此该制度得以确立。但其成立不得影响国家已经制定的领海、专属经济区等制度。第三，对于国际航行的海峡，非沿海国享有过境通行的权利。过境通行权是由英国学者提出的折中学说，即折中了以美国为代表的国家主张的航行自由说和发展中国家主张的无害通过说。过境通行权是在这两种主张之间取其中，是指可以航行的船舶不再区别其为军舰还是商船，任何国家的船舶和飞行器都可以在用于国际航行的海峡中进行这种连续不断、迅速通过的权利。但是，需要注意的是，过境通行的权利和公海自由制度存在本质区别，其中，过境通行权利是一项有限制的权利，即船舶在行使于国际海峡的时候，必须连续不断、迅速通过，不得从事和过境无关的活动。

国际法上群岛水域是群岛基线所包围的水域，是《联合国海洋法公约》新设立的一个海洋区域。根据该公约第49条和第51条的规定，群岛水域的法律地位主要是群岛国的主权及于群岛水域的上空、海床和底土，以及其中的资源。群岛水域的通过权有无害通过权和群岛海道通过权两种。也就是说，所有国家的船舶均享有通过群岛国内水界限以外的群岛水域的无害通过权。群岛国可在群岛水域内指定适当的穿过群岛水域和邻接的领海的海道和其上空的空中航道，即"群岛海道"。所有船舶和飞机均享有在这种海道和空中航道内的群岛海道通过权。这是国际海洋法中关于群岛国水域的特别规定。

四、大陆架和专属经济区

大陆架制度在国际海洋法中也是非常重要的一项制度，1958年《大陆架公约》第1条就明确定义了法律意义上的大陆架概念。之后，《联合国海洋法公约》又重新定义大陆架概念。这次的定义将大陆架从地理概念进行了法律意义上的重新界定，其中，公约第76条就表明，大陆架是陆地领土的全部自然延伸，当大陆架延伸不满200海里时，沿海国可以主张200海里的大陆架。很明显，通过此定义，大陆架的外部界限是200海里距离和其自然延伸。在从基线起到大陆边外缘的距离不足200海里时，国家可以主张其大陆架区域扩展到200海里。当陆地领土的自然延伸到大陆边外缘的距离超过200海里时，国家不得主张超过从基线量起的350海里，或不应超过连接2500米等深线100海里。后者是公约考虑和适当照顾宽大陆架国家的利益而进行的衡量标准。但公约同时也顾及其他国家的利益和需求，因此，该公约第82条明确规定，沿海国如果开发200海里以外的大陆架上的非生物资源，应当向国际海底管理局缴付实物或者费用，并由各缔约国公平分享。因此，可以说，大陆架不是国家领土的组成部分，国家只是在大陆架上享有专属权利，包括对大陆架上依附的生物及非生物享有的专属开发权，本质属于资源性的权利。由于大陆架不是沿海国行使主权的范围，因此其他国家也有对一国的大陆架区域进行铺设海底电缆及管道的权利，但同时也要顾及已经铺设的电缆及管道的位置，有善意的注意义务。

专属经济区是指领海以外并邻接领海的一个区域，其宽度从测算领海宽度的基线量起不超过200海里。其实，专属经济区概念的出现比大陆架概念要晚，最先由拉丁美洲提出：1947年智利“总统声明”中宣布，凡是距离智利海面200海里以内的海域均属智利国家主权扩展的范围，由智利实行保护和控制，但不会影响其他国家公海自由航行的权利。尽管如此，专属经济区这一名称是由非洲国家正式确立的。在第三次联合国海洋法会议上，在广大发展中国家的坚持下，专属经济区概念最终被接受，其制度规定在《联合国海洋法公约》第五部分。该部分明确规定了主权国家在专属经济区内享有对资源性权利的管辖权，包括可以建造人工岛屿及相关设施，可以进行海洋科学等研究。需要注意的是，专属经济区的权利前提是宣告，也就是说，如果一国想享有一定海域中专属经济区内的权利，必须预先宣告哪片海域范围是其专属经济区范围，否则不被国际法承认。对于其他国家，依据国际法和国际习惯，可以在专属经济区内享有不区分军舰和商船的航行自由，并且可以行使铺设海底电缆和通道等非自然资源性权利。

由于大陆架和专属经济区在地理位置上具有高度的重叠和相似度，因此，关于国际上是否需再设立专属经济区制度或者是否取消类似的大陆架制度，曾经在第三次联合国海洋法会议上引起广泛争论。有的国家主张取消大陆架制度或将它合并于专属经济区制度，认为二者有高度的相似度。然而，大多数国家还是坚持认为，尽管建立了专属经济区制度，大陆架制度仍需作为一项独立的制度应当予以肯定。最后，《联合国海洋法公约》将专属经济区制度和大陆架制度作为两项独立的制度，分别规定在第五和第六部分中。

其实，不管是大陆架制度还是专属经济区制度，其成立的法律依据都源于“陆地统治海洋”原则。由于二者区域基本存在重叠，因此，沿海国的权利也有重叠。国际法上，如果沿海国的权利存在重合的地方，则大陆架制度优先。当然，两种制度也存在本质上的不同。第一，专属经济区的权利取决于国家的宣告，而大陆架制度中的权利不需要宣告。第二，大陆架的界限并不一定是在200海里，但其自然延伸超过200海里时，国家仍可以主张200海里之外的大陆架。

我国针对专属经济区和大陆架制度制定了专项的法律，即1998年《专属经济区和大陆架法》。由于我国大陆从北往南濒临黄海、东海和南海，因此该法作为指引性法律明确规定了我国专属经济区和大陆架制度的范围和权利。其中，明确规定了我国享有的海洋权利及其范围：专属经济区是中国领海以外并邻接领海的区域，从测算领海宽度的基线量起延至200海里；我国的大陆架为领海以外依本国陆地领土的全部自然延伸，扩展到大陆边外缘的海底区域的海床和底土；如果从测算领海宽度的基线量起至大陆边外缘的距离不足200海里，则扩展至200海里。关于我国享有的权利包括在大陆架和专属经济区内享有主权权利和管辖权。该法第14条还明确规定了本法的规定不影响我国享有的历史性海洋权利。在2016年《中华人民共和国政府关于在南海的领土主权和海洋权益的声明》中重申，中国在南海的海洋权益包括中国南海诸岛拥有内水、领海、毗连区、专属经济区和大陆架，以及历史性权利。历史性权利虽然并没有在《联合国海洋法公约》中得以承认，但其作为一种习惯国际法，应当被各国尊重。2015年和2016年，最高人民法院发布《关于审理发生在我国管辖海域相关案件若干问题的规定》(一)和(二)，明确对发生在中国管辖海域相关案件的司法管辖与法律适用。这里的管辖海域是指中国内水、领海、毗连区、专属经济区、大陆架以及中国管辖的其他海域。

第三节 | 公海自由与国际海底区域

依据国际法，以《联合国海洋法公约》为框架的国际海洋法体系还包括单独特定国家无法享有相应主权和优先权的公共领域，即公海海域与国际海底区域。关于这两块海域的国际法律秩序在国际上也达成了共识，详细规定在《联合国海洋法公约》中，具体包括以下内容。

一、公海自由

国际法中公海的概念最早出现在17世纪，并于19世纪获得国际社会的普遍承认。1958年由联合国国际法委员会制定的《公海公约》第1条就明确规定了公海是指“不包括在一国领海或内水内的全部海域”。但是，由于第三次联合国海洋法会议确立了新的专属经济区制度和群岛国制度，公海的概念相对发生了相应变化。公海的最新概念在第三次海洋法会议通过的《联合国海洋法公约》第86条中有明确的更新规定，即公海是指“不包括在国家的专属经济区、领海或内水或群岛国的群岛水域内的全部海域”。这也是依据最新的国际海洋法理论与实践的发展而进行的概念更新。

目前，公海自由是现代国际海洋法的基本原则之一。根据现有的国际法发展与实践，公海自由主要包括航行自由、飞越自由、捕鱼自由、铺设海底电缆和管道的自由、建造国际法容许的人工岛屿和其他设施的自由，以及科学研究的自由。当然随着科技的发展，其内容也会不断更新。在公海自由原则的指导下，公海对所有国家开放，不论其为沿海国还是内陆国。相应地，任何国家也不得将公海中的任何部分置于其主权管辖范围之下。也就是说，公海不是任何国家的领土。

由于任何国家不得在公海内任何水域实行主权管辖，因此如果在公海上行驶的船舶发生事故，则应当采用船旗国的专属管辖权。船旗国专属管辖是公海管辖的一般性原则。通俗讲，船旗国管辖是指对于公海上的人和事物的管辖权取决于船舶航行时所悬挂的旗帜，该原则在《联合国海洋法公约》第92条就明确进行了确认，公约第94条又进一步加以明确和规定，“每个国家应对悬挂该国旗帜的船舶有效地行使行政、技术及社会事项上的管辖和控制”。值得注意的是，军舰或专用于政府的非商业性船舶，其在公海上享有不受船旗国以外任何其他国家管辖的完全豁免权。

关于碰撞或其他航行事故的管辖权，《联合国海洋法公约》第97条明确规定：在公海上发生的碰撞或其他航行事故涉及船长或任何其他为船舶服务的人员的刑事或纪律责任时，对此种人员的任何刑事诉讼或纪律程序，仅可向船旗国或此种人员所属国的司法或行政当局提出。船旗国当局以外的任何政府当局不得命令逮捕或扣留船舶。但是，每个国家依据人道主义有义务与责任，在不严重危及船舶、船员以及乘客的情况下救助遇难船舶和人员。这也是国际法人本位化的新发展。

虽然船旗国专属管辖是公海领域中的一般原则，但也有例外情形，目前国际法上主要包括两种例外。

第一，登临权。国际法上的登临权是指为了维护公海的法律秩序，军舰对公海上涉嫌违法或犯罪的外国船舶享有登临权，这是公海自由和船旗国专属管辖的一个例外。依据《联合国海洋法公约》第110条第1款，除条约授权干涉的例外情形下，军舰对公海上享有完全豁免权的船舶之外的外国船舶，享有合理根据认为有下列嫌疑的登临权，包括从事海盗行为；从事奴隶贩卖；从事未经许可的广播；没有国籍；虽悬挂外国旗帜或拒不展示其旗帜，而事实上却与该军舰属同一国籍等。

第二，紧追权。紧追权是指沿海国对违反其法律和规章并从其管辖海域逃向公海的外国船舶进行追逐以拿捕的权利。其中，《联合国海洋法公约》

第111条规定，沿海国当局如果有充分理由认为外国船舶违反该国法律法规时，可以对该外国船舶进行紧追。紧追权的行使必须在外国船舶或其小艇之一位于追逐国的内水、群岛水域、领海、毗连区、专属经济区或大陆架内时，以及在外国船舶视听所及的距离内发出视觉或听觉的停驶信号后才可开始。同时，紧追权行使要求船舶必须紧追不停。因此，只有在追逐过程中未曾中断过，该船舶才可在领海或毗连区外继续进行追捕。如果存在接替行为，即船舶或飞机接替最初追逐的船舶或飞机进行追逐的情形，不构成紧追权的中断。但紧追权的行使存在限制，即在被追逐的船舶进入其本国领海或第三国领海时应当立即终止，如果仅是被追逐船舶国或第三国的专属经济区并不构成紧追权的终止。需要注意的是，紧追权只能由军舰、军用飞机或其他有清楚标志可以识别的为政府服务并经授权紧追的船舶或飞机才可以行使。行使紧追权时船舶或飞机可以包含使用“必要且合理的武力”，否则可能构成违法行为，需承担国际责任。

二、国际海底区域

国际法中的国际海底区域又简称“区域”，是《联合国海洋法公约》确立的一个崭新概念，在该公约通过后又过了30年才开始生效。其中，最大争议就是关于公约中的国际海底区域的法律制度，发达国家和发展中国家很难达成共识。发达国家主要认为国际海底区域应当由具有资格的缔约国国民和其国家的企业进行开发，而发展中国家则认为国际海底区域是全人类共同的财产，所以应当由国际上专门的管理机构，即国际海底管理局进行统一的开发和利用，而缔约国的私人企业并没有开发和利用的资格。

显然，两大阵营争议的核心仍然是国家利益的根本冲突。为了解决这些争议和利益冲突，经过联合国秘书长长期斡旋和调解，发展中国家作出了巨大让步，从而逐渐形成了现代国际海底区域法律制度。其中，由于国际海底区域在国际法上具体是指国家管辖范围以外的海床洋底及其底土，因此，在国际法司法实践中，国际海底区域大部分情况下就是各国大陆架或专属经济区以外的深海洋底及其底土。

关于国际海底区域开发，目前国际上实行的是平行开发制度。《联合国海洋法公约》对此也作出过比较全面的规定，即“平行开发制”就是“区域”资源的勘探开发一方面由管理局在企业部之间进行；另一方面由缔约国/国有公司，以及在缔约国担保下的具有缔约国国籍及由这类国家或其国民有效控制的自然人或法人，与管理局以协作方式进行。从这个层面看，只要是缔约国的适格开发者，无论是私人还是企业，都可以申请对国际海底区域的开发和利用。这也是“平行”的具体体现。

第八章

国家与国际环境保护

20世纪后，国际法出现了几个新领域、新分支，包括国际航空法、国际外空法、国际环境法。国际环境法是由人类的环境问题推动发展起来的。国际环境法是无法依靠单独的国家进行改善的。因此，在国际环境法领域有很多国际合作，往往通过条约和其他法律文件的形式确定下来。典型的国际环境法条约包括1972年人类环境会议通过的《斯德哥尔摩宣言》、1992年环境与发展大会通过的《里约宣言》、2002年可持续发展会议通过的《约翰内斯堡宣言》。在联合国召集下，这些国家在一起协商关于环境问题。国际环境法以软法为主，当然针对污染环境行为，也签订了很多的条约。比如，1954年《国际防止海上油污公约》、1968年《欧洲控制大气污染原则宣言》、1969年《国际油污损害民事责任公约》、1972年《防止倾倒废物及其他物质污染海洋的公约》。

同时，国际环境法领域也有习惯国际法渊源。比如，欧洲联盟的司法机构、国际法院、WTO的司法判决等都可以为确立国际环境的权利义务作出积极贡献。国际法领域一些杰出学者的著作对国际环境法体系作出了理论上的指导。因此，国际环境法的渊源种类基本和国际法的渊源种类一样。

国家所拥有的环境权利是基于国家对自然环境所拥有的主权产生的，义务是尊重其他国家的主权和本国以及其他国家民众所拥有的人权。也就是说国家在国际法上拥有的权利和义务体系是基于主权和人权的权利义务配置体系。

第一节 | 导论

一、国际环境保护法的发展史

随着跨境经贸活动的发展，20世纪50年代各国逐渐意识到环境保护的重要性，并开始对国际公域，包括公海领域、南极地区以及外层空间的环境保护问题予以重视。对国际公域的维护也是基于国家间共同利益所达成的国际共识，其中公域中的环境问题主要起始于在跨境石油运输过程中造成的海洋污染。为此，西方发达国家在伦敦签署了《国际防止海上油污公约》，国际社会普遍认为该公约标志着国际环境法的产生。1996年联大就“人类环境问题”展开了一般性讨论，达成了国际社会应采取措施保护国际环境，避免环境损害、生态灾难的国际共识。在此基础上，国际社会通过了一系列区域性、国际性环境保护方面的法律文件，包括1968年《欧洲控制大气污染原则宣言》、1969年《国际油污损害民事责任公约》与《国际干预公海油污污染事故公约》、1972年《防止倾倒废物及其他物质污染海洋的公约》，国际环境立法涌现。

除了国际性、区域性的环境立法，国际环境法的发展也得益于四次重要国际环境会议。第一次会议是1972年的联合国人类环境会议，该会议在瑞典的斯德哥尔摩市举办。这次会议的成果是通过了《人类环境宣言》《人类环境行动计划》《只有一个地球》等软法性质文件。尽管没有法律约束力，但《人类环境宣言》中确立的基本原则与国际共识对环境发展起到了积极的推动作用。因此，国际社会普遍认为这次会议“标志着全球的良心觉醒和真正生态时代的开始”。

第二次会议是1992年联合国环境与发展大会，该会议在巴西的里约热内卢举行。这次会议通过了《里约宣言》《21世纪议程》《关于森林问题的原则声明》《联合国气候变化框架公约》和《生物多样性公约》。其中后两者是国际条约，具有国际法上的法律约束力。《联合国气候变化框架公约》也为之后约束各国碳排放行为提供了基础。

第三次重要会议于2002年在南非的约翰内斯堡举行。这次会议的主要议题围绕着可持续发展展开，是目前为止就可持续发展领域规模最大的会议。这次会议通过了《约翰内斯堡可持续发展宣言》以及《可持续发展问题世界首脑会议执行计划》等软法性质的文件，是对自1992年里约热内卢环境与发展大会以来的国际总结，并对未来国际社会的可持续发展再次作出了国际承诺。

第四次重要会议是2012年联合国可持续发展大会，在巴西的里约热内卢召开。因这次会议召开于1992年联合环境与发展大会之后的20年，又被命名为“里约+20”峰会。这次会议有来自191个国家和地区的5万名代表参加，包括86名国家元首与政府首脑。但在这次会议的谈判中出现了两大阵营，一个是以中国和“77国集团”为代表的发展中国家，一个是以欧美等国为代表的发达国家。两大阵营就环境问题可持续发展的原则理论、资金支持以及采用怎么样的机制模式得以实现都未达成共识。这些分歧的核心问题在于发达国家与发展中国家的政治立场和经济利益的不同，而这也正是国际环境法长期面临的国际困境，即无法协调与平衡各国在环境领域的国家利益。

二、国际环境保护法的渊源与特征

国际环境法是国际法的分支学科，因此其渊源和国际法的渊源基本一致，包括国际环境领域的条约、国际习惯、环境领域一般性法律原则以及其他辅助性渊源。下面就国际环境法的具体渊源及特征展开详细分析。

首先，国际环境条约。和国际法一样，国际环境领域中国际环境条约是最重要也是最基本的渊源，包括双边条约、多边条约、国家与国际组织之间签订的条约以及国际组织之间签订的条约。目前，国际环境条约覆盖大气、海洋、生物资源、自然遗产等诸多环境领域。目前，国际环境条约主要是以框架公约的形式（即框架公约+议定书+附件的形式）出现，比如，1985年制定的《保护臭氧层维也纳公约》就是典型的框架公约的代表，1987年又签署了《关于消耗臭氧层物质的蒙特利尔议定书》及其附件。这样的形式也是为了保证相关条约内容的完整性和与时俱进性。

其次，国际习惯法。和国际法不同的是，由于国际环境法产生时间较晚，目前环境领域并没有出现大量的国际习惯。但国际习惯却对国际环境法的发展起到了启蒙和推动的作用。很多著名环境软法中确立的基本原则都是基于国际习惯产生的。比如《人类环境宣言》《里约宣言》等确立的“污染者付费原则”就是基于国际习惯发展起来的，并且已在环境领域得到认可。

最后，其他辅助性渊源。国际法中的其他辅助性法律渊源也推动了国际环境法的发展。比如，国际法中的一般法律原则，如“诚信”“约定必须遵守”“禁止权利滥用原则”等也同样适用于国际环境法领域。同样，司法判例和公法学家学说也构成国际环境法的辅助性渊源，如著名的特雷尔炼厂仲裁案和科孚海峡案中都明确了国家行使主权行为时不能损害其他国家的利益的基本原则。

基于此，国际环境法体系有以下几个基本特征。第一，软法主导。国际环境法中大多数是软法性质的国际文件，主要包括环境保护的战略方针、一些国际环境保护组织的建议、国际会议通过的宣言、行动计划等。这些法律文件虽然缺乏国际法的法律约束力，但其内容普遍具有高度灵活性的特征，因此被各国广泛接受。国际实践中，软法也常常是国际条约法形成的前奏。第二，国际环境条约分散、不成体系。由于各国在环境领域中的利益冲突等原因，环境问题很多方面难以达成普遍的国际共识，尤其是国家在环境领域的责任承担问题。因此，为了顺利通过，很多环境条约往往只涉及环境领域中的一个主题，或者是特别具体的特定环境问题，从而造成了环境领域中的割裂，没有形成统一的环境法体系。第三，国际环境领域缺失专门处理环境纠纷或具有强制执行力的国际组织机构，因此，很多环境条约在实践中也难以真正取得预期成效。

第二节 | 国际环境保护的基本原则

在国际环境领域有几项基本原则是国际社会普遍认可与接受的，这些原则大多在国际环境保护的国际协定、条约、宣言和决议中得以确立。

一、可持续发展原则

可持续发展原则是于20世纪70年代第一次被提出，后在联合国大会对世界的呼吁中再次被确认的基本原则。1983年联合国授权成立了后来的“世界环境与发展委员会”，该委员会可以处理国际社会中的可持续发展事务，并于1987年发表了世界著名的长篇报告《我们共同的未来》。在这篇长篇报告中，委员会第一次对可持续发展原则作出了定义，即要求国际社会在谋求发展的同时也应注意环境保护，可持续发展原则要求国际社会发展过程中既可以满足当代人的需要，也不能对后代人的需要构成损害。可持续发展原则在环境领域得到了广泛的认可，并在《里约宣言》《21世纪议程》中制定了可持续发展原则的行动方针。同时，各国的国内法、国家决策中也纷纷确立了可持续发展原则或体现了发展与环境平衡的思想。可持续发展原则包括四个重要理论：代际公平、代内公平、可持续利用以及环境与发展一体化。

二、污染者付费原则

污染者付费原则又称为污染者偿付原则（Polluter Pays Principle，PPP）。该原则是在1968年欧洲委员会部长级会议中第一次被明确提出。1972年，经合组织最早提出法律语境下的"污染者付费原则"，即通过防治和控制污染成本的分配，鼓励合理使用稀缺自然资源，避免国际贸易和投资扭曲。因此，污染者付费原则的核心是将环境的公法责任细化到具体的企业和个人承担，政府或全社会不再进行补贴污染，污染者应努力将污染治理费用内部化。污染者付费原则在1972年《人类环境宣言》第21条就有所体现。1992年《里约宣言》中第16条再次确认污染者付费原则是国际环境法的一个重要原则。

污染者付费原则也在许多国际判例中得以运用，最为典型的是著名的特雷尔冶炼厂仲裁案中，仲裁庭就运用了污染者付费原则，确立美国政府与企业公司的责任承担。污染者付费原则的合理性在于将国际权利与义务进行有机的结合，即一方面国家有开发利用自然资源的权利，另一方面也负有适当的注意义务。除了国际司法判例，污染者付费原则还在1990年《国际油污防备、反应和合作公约》、1992年《工业事故跨界影响公约》等国际公约中得到承认。

三、损害预防原则

损害预防原则其实是跨境损害领域中禁止权利滥用原则的延伸，指的是国家有在行使开发自然资源时注意不得损害其他国家或者国际环境的义务，即国家有责任在环境损害发生之前尽早采取预防措施。损害原则的基础在于环境损害的不可逆转性，比如地下水污染、土壤沙化、生物物种灭绝等都具有不可恢复性。因此，损害预防原则在环境领域具有较强的经济性。国际社会曾对环境损害预防产生的费用和环境事后修复产生的费用作出过大致比对，发现后者产生的费用是前者的20倍有余。目前，损害预防原则在众多国际法律文件中都得到承认，比如1982年《联合国海洋法公约》第194条以及1992年《生物多样性公约》。

四、风险预防原则

风险预防原则是指国家应当采用广泛的预防措施。当遇到严重抑或不可逆转的环境损害威胁时，不能以缺乏充分的科学证据为理由而不采取预防措施。风险预防原则和损害预防原则存在不同，其中，两者根本的区别在于损害预防原则针对的是有足够科学依据确定会造成损害的情形，而风险预防原则规定的是在损害威胁没有得到足够的科学证明时采取的措施。风险预防的合理性在于环境损害的缓发性和不可逆性，即环境损害一旦发生或者损害威胁得到充足的科学证明再采取措施时，已经造成了不可逆的影响。风险预防原则在《生物多样性公约》《里约公约》以及《联合国气候变化框架公约》中都有所体现。

五、国际合作原则

联合国的诞生以及《联合国宪章》的生效是国际合作原则产生和发展的原动力，也是该原则在国际社会得到认可的重要标志。国际合作原则在维持国际社会良好秩序、妥善处理国际争端、促进世界团结进步等方面扮演了重要的角色。国际合作原则在《联合国宪章》第1条就得到承认和确立。1970年的联合国大会还在《关于各国依联合国宪章建立友好关系及合作之国际法原则之宣言》中明确国际合作是一项各国应当履行的国际法义务。

因此，国际合作原则本身就是国际法上的一项基本原则，运用到环境领域主要是指在国际环境保护方面，国际社会的全体成员应当采取广泛且密切的合作，并且应当协调一致保护和改善世界环境。该原则包括三个重要方面，第一，国际合作原则的主体是以国家为代表的各个国际社会主体；第二，国际合作原则要求行为体应当以合作为主题展开环境保护活动；第三，国际合作原则要求国际主体的各方维护生态环境的共同利益。

国际合作原则早在20世纪70年代就广泛地运用在环境保护领域。其中，

《人类环境宣言》《里约宣言》《21世纪议程》以及《哥本哈根协议》中都有对该原则的描述。

六、共同但有区别的责任原则

共同但有区别的责任原则是指在环境领域，由于地球生态系统的整体性以及各国发展过程中对环境造成的影响和损害的不同，各国担负共同但是有区别的环境责任。其法理基础在于亚里士多德提出的正义理论，即分配正义与矫正正义的要求。1972年联合国人类环境会议通过的《人类环境宣言》中首次在宣言以及共同信念两个部分中分散地体现了“共同但有区别的责任”。在这次会议中，发展中国家提到了发达国家在工业革命时期的历史环境责任，并指出发展中国家受到经济以及科技的束缚，无法完成和发达国家一样的环境目标。因此，这次会议初步达成了共识：同意发展中国家承担特殊的并且区别于发达国家的环境责任。

在1972年《人类环境宣言》传达了“共同但有区别的责任”理念之后，得到了国际社会，尤其是发展中国家的广泛认同。1978年的《蒙特利尔议定书》中再次对该原则作出了具体的解释，即区别的责任体现在：第一，考虑到发展中国家的经济与科技的落后，条约给予发展中国家暂缓10年控制氟氯化碳等污染气体排放的权利；第二，建立基金解决资金缺陷；第三，基于公平原则，发达国家转让先进的环保替代品和环保科技给发展中国家。1992年的《联合国气候变化框架公约》中也明确了在气候变化领域，发达国家与发展中国家承担共同却有区别的责任。该公约第一次赋予了“共同但有区别的责任”法律约束力。“后京都时代”气候谈判中，发达国家与发展中国家也常常围绕着“共同但有区别的责任”展开讨论国际气候污染责任的分担问题。在第21次气候变化大会通过的《巴黎协定》中，“共同但有区别的责任”再次得到确认。

第三节 | 国际环境损害

国际环境损害又被称为跨境环境损害。近些年，国际上对于跨境环境损害问题在国际法层面有较大发展，从简单的单边环境主义到之后环境保护中“禁止权利滥用”原则的运用，以及一系列关于特定领域跨境损害赔偿的国际公约，可以看出国际社会对跨境损害问题的关注与发展。下面就国际法上对跨境损害问题的解决以及发展进程进行梳理与分析。

一、定义

跨境环境损害简单理解是指环境损害的结果不是发生在一国境内。国际法学者总结跨境环境损害有以下四个基本特征。

第一，跨境环境损害必须是基于人类活动造成的，也就是说跨境环境损害不同于因自然因素，如地震、海啸、火山爆发带来的环境损害后果。

第二，跨境环境损害的后果必须是有形的。跨境环境损害的有形性在《预防危险活动的跨界损害条款草案》第1条就进行了强调。国际法委员会甚至明确指出：金融或其他由社会经济、国家政策造成的损害不是跨境损害。

第三，跨境环境损害后果必须具有明显的跨界性。也就是说，仅仅发生在一国领土境内或在其管辖控制区域内发生的损害都不属于跨界。只有影响了其他国家或者是对全球公共区域造成了损害才满足跨境环境损害的跨界性。当然，这里的跨界性需要广义地理解，也就是说不管跨界损害的渠道是通过环境媒介（如常见的因河流或者空气流动造成起源国之外的其他国家和地区的环境损害），还是通过其他媒介（如在国际贸易或国际投资领域中对有害技术的跨界转移，又如有害废弃物的非法处理而影响到其他国家或公共领域的环境问题），都属于跨境环境损害的范畴。这在《里约环境与发展宣言》和《控制危险废物跨界转移及其处置的巴塞尔公约》中都有明确的承认与规定。

第四，跨境环境损害中损害的程度必须满足“重大”或者达到“实质性”。之所以有损害程度的限制是因为只有满足重大或实质性的程度才会引起国际法上的法律责任。这在国际法判例中是被反复确认和引用的条件之一。在1938年著名的特雷尔冶炼厂案中，仲裁庭就明确了可以引起责任的损害必须有相对应的严重后果。1974年的法国核试验案中，澳大利亚给国际法院院长的回复中提到，当有害物质的跨界转移超过了“通常损害”的情形时，才会引起法律上的责任。1979年“苏联卫星坠落案”中，加拿大政府提出苏联的间谍卫星碎片在加拿大领土上产生了放射性物质，使得这部分领土不能再使用，因此苏联政府应当对该重大损失承担法律责任。除了这些国际法案例，在一些国际法文件如《预防危险活动的跨界损害条款草案》中也对环境损害可以引起法律责任的程度加以限制。关于“重大”或者“实质性”如何判断，目前尚未有学说或国际文件进行明确的统一界定。实践中，往往以是否超过“可以容忍”的程度进行具体问题具体分析。

二、哈蒙主义

哈蒙主义（Harmon Doctrine）又被称为绝对领土主权主义或环境单边主义。该主义指上游国为了自己的国家利益而提出的一种环境政策主张。

哈蒙主义起源于美国与墨西哥关于跨境水资源利用争端。1894年至1895年间，美国和墨西哥因为里奥格兰德河河水的使用问题发生争端。墨西哥政府称墨西哥人一直使用里奥格兰德河水灌溉土地，因此，基于先占原则，墨西哥居民享有使用该河河水的权利。两国争端始于19世纪90年代，美国在该河上游地区修建大量水渠，加上严重的水污染，致使华雷斯城区域水量急剧减少。甚至到了1894年，流经该区域的河段发生了断流，从而很大程度上影响了墨西哥的农业生产。

墨西哥驻华盛顿的罗梅罗（Romero）部长于1895年10月21日致函美国国务院，认为美国的建渠分流行为违反了《瓜达卢佩-伊达尔戈条约》第7条：两国的船舶和人民可以自由地在新墨西哥州南部边界以下航行；未经对方同意，任何一方不得建设任何可能完全或者部分地阻碍或者中断行使该权利的工程。

1895年12月12日，美国司法部部长哈蒙在答复墨西哥请求时发表了以下法律意见。第一，根据《瓜达卢佩-伊达尔戈条约》第7条的文义解释，该条约所适用的地域限于新墨西哥州边界以南，而分水行为则发生在此界限以北，因而分水行为不受该条约调整；第二，依据文义解释，受该条约规制的仅限于政府行为，除特别声明外，不包括公民行为，该案中的分水行为属于美国公民行为而不是美国政府行为；第三，该条约旨在确保新墨西哥州南部边界以下水道可以通航，但分水行为不受条约规制；第四，援引美国约翰·马歇尔（John Marshall）大法官在1812年斯库诺交易号诉麦克法登一案中的判决理由，论证国在其管辖范围内享有绝对主权。可以看出哈蒙的声明目的在于强调美国对其境内河段享有绝对主权，因此，哈蒙主义自诞生之后基于其片面性而遭到一些下游国家和不少国际法学者的强烈反对。尽管如此，在当代跨界地表水资源利用争端中，一些处于上游地区的国家仍会直接或者间接地引用哈蒙主义解决纠纷，如加拿大与美国之间的哥伦比亚河争端，埃塞俄比亚与埃及之间的尼罗河争端，以及土耳其和叙利亚之间的幼发拉底河争端。

虽然哈蒙主义在一些国际案例中被某些上游国援引，但国际实践中，随着人类科学技术的进步，关于环境开发利用活动的新规则也层出不穷地出现在国际法律文件中，相应地，国际法理论也不断形成与发展，从而导致哈蒙主义发挥作用的空间得到压缩。著名的拉努湖仲裁案中，国际仲裁庭就明确否定了哈蒙主义的合理性，认为“上游国在开发利用跨界地表水资源过程中必须考虑潜在受影响国的国家利益”。

国家主权原则是哈蒙主义的法律依据，同时，该主义又符合上游国家的利益需求。国际社会长期的“无政府状态”也很大程度上推动了哈蒙主义的发展，正是由于国际社会的无政府状态，国家间经济实力的差异成了哈蒙主义诞生的催化剂。因此，可以说哈蒙主义的产生是偶然性与必然性的统一，但其也基于种种原因逐渐被国际社会否定与淘汰。首先，最重要的原因在于哈蒙主义阻断了上下游国家之间的经济与文化的交流与发展，因此违背了环境领域的国际合作原则。其次，哈蒙主义不符合环境领域可持续发展的理念观。环境领域的可持续发展原则要求各国采用合理的方式开发利用和保护自然资源，鼓励国际合作，而哈蒙主义主张的是上游国家的绝对主权，忽视下游国家的环境利益，具有不平等性。虽然哈蒙主义在绝大多数学者看来并未获得学术界的广泛推崇，但是它的某些现实和客观作用至今仍然存在，也是其他国际环境理论产生、发展的基础与关键考量因素。

三、禁止权利滥用原则

权利是民法中的根本要素，用于保障人的自由、平等。权利也体现了社会合作的制度设计，是合理分配民事主体利益和负担的法律工具。但权利的设立有其界限，禁止权利滥用原则就是用来限制、保护权利的。

禁止权利滥用原则起源于罗马法。虽然在古罗马时期并没有建立现代民法中“权利不得滥用”的理论体系，但已经萌生了限制权利滥用的思想。比如，在古罗马时期有“不得容忍恶意”“极端的权利是最大的非正义”等法谚。古罗马的权利滥用禁止思想主要体现于对物权，尤其是所有权和相邻关系的限制。在早期的《十二铜表法》中，虽然确认所有权是对物的绝对权利和最完全的支配权，但所有权的绝对性不是指所有权人可以不受任何限制地行使权利，而是必须在法律允许的范围内，受到多方面的限制。

正式将禁止权利滥用确立为一项基本原则的是德国民法典，之后瑞士民法、苏俄民法、日本民法和我国民法典等均确立了禁止权利滥用原则。

禁止权利滥用原则运用在环境领域是和哈蒙主义相对立的原则，指国家在行使主权时，不能对其他国家利益造成损害，否则就是权利的滥用。禁止权利滥用原则最先在特雷尔冶炼厂案中运用，在之后的科孚海峡案中也被提到，是国际处理跨境环境损害领域中的一项基本原则。

四、国家责任

跨境损害的国家责任起源于1938年的特雷尔冶炼厂案，因此该案又被称为“跨界环境损害第一案”。该案确立了新的跨界环境损害的处理方法，即国家对其管辖范围内的私人造成的严重损害承担国家责任。

跨界环境损害的国家责任包括两个重要因素。第一，国家有保证其管辖控制之内的活动不损害其他国家环境利益的义务。这样的义务已经在国际社会被普遍认可为基本的国际义务，并在诸多国际公约中（如1951年《国际植物保护公约》，1972年《保护世界文化和自然遗产公约》，1982年《联合国海洋法公约》，以及1992年《联合国气候变化框架公约》）有所体现。在现有的国际法案例中对该义务也有所肯定。比如，1949年的科孚海峡案，国际法院判决中明确提到一国不能允许本国领土被用于损害其他国家的行为。1957年的拉努湖仲裁案中，该国际义务同样被予以承认。拉努湖地处法国境内，是比利牛斯山上最大的湖泊。拉努湖水的下游在西班牙境内被称为卡罗河。1956年，为了便于湖水发电，法国政府决定拦截拉努湖经卡洛河流往西班牙的河水以增加拉努湖的贮水量。与此同时，法国将亚里埃奇河水引入卡洛河，作为补偿。但西班牙政府认为法国政府的这项工程与1866年签订的《贝约纳条约》相违背。1957年，法西两国将此争议交由国际仲裁庭进行裁决。国际仲裁庭依照1866年的《贝约纳条约》附件中相关条款，认为法国政府的确有通知西班牙当局的义务，因此与之磋商并建议法国政府考虑下游国家的利益，但法国政府仍然有权就其选择的计划作出最终决定。因此，国际仲裁庭认为“法国有权行使其权利，但它不能无视西班牙的利益；西班牙有权要求它的权利得到尊重和它的利益得到考虑”。

第二，私人的行为可归责于国家。国际司法实践中，主要有两种情形可将私人的行为归责于国家。首先是基于国家主权和领土完整的原则，即一国对自己领土的人和事的优先管辖权。相应地，一国也有义务不允许本国领土被用来从事有害他国利益的行为。1949年的科孚海峡案也承认了这样的义务。科孚海峡处于阿尔巴尼亚和希腊之间，是连接地中海和亚得里亚海的重要航道。1946年10月22日，一支英国舰队航行于科孚海峡北部时，其中两艘驱逐舰触碰水雷，导致舰只损坏，共82人伤亡。事件发生后，阿政府不同意英国政府对该海域进行扫雷。但同年11月12日至13日，英国舰队对该海域进行了扫雷作业，共探测到22枚德式水雷。英国将此事提交到了联合国安理会。1947年，安理会建议英阿两国依照《国际法院规约》将此事件交由国际法院裁决。随后，英国以请求书方式单方向国际法院起诉。

1949年4月9日，国际法院对此案作出裁决。关于第一个问题是否应当由阿政府对爆炸事件负责，法院以11票对5票判决阿尔巴尼亚对该爆炸事件负责。依据法院审查的事实，即阿政府在英舰爆炸前后的行为和态度以及从阿尔巴尼亚海岸监测到海峡布雷的可能性得出结论，认为阿尔巴尼亚海岸能够观察到爆炸海域的布雷行为，因而阿政府有义务向一般航行目的的船舶告知其水域内存有雷区。因此，国际法院确认阿尔巴尼亚严重不作为行为应当承担国际责任，对英国应当承担赔偿责任。关于第二个问题，法院认为依据国际法一国军舰有权通过位于公海两部分之间用于国际航行的海峡，无须经过沿岸国事先许可，沿岸国对此种通行不得禁止，条约另有其他规定的除外。因此，法院否定了阿政府提出的英军舰不属于无害通过的观点，并以14票对2票判定英国军舰1946年10月22日通过海峡的行为不属于对阿方主权的侵犯。但对于1946年11月12日和13日英国海军在阿尔巴尼亚领海内的扫雷行动，国际法院16名法官一致判定，此行为是对阿方主权的侵犯。因为英国军舰的扫雷活动不能以行使无害通过权来证明其中的正当性，而国际法禁止外国军舰未经他国同意在他国领海内收集证据。国际法院认为这种做法会引发许多严重滥用武力的行为，对国际社会的和平秩序产生巨大危害，并驳回英国提出的其行动为是出于自保或自卫措施的辩解。国际法院于1949年12月15日对本案作出裁决，并明确了阿尔巴尼亚对英国承担责任的具体赔偿数额，但阿尔巴尼亚未执行国际法院的判决。科孚海峡案是联合国国际法院成立后判决的第一个案件，该案件首次提出了用于国际航行海峡的概念，国际法院对科孚海峡案的判决对国际法的发展产生了重大影响。

特雷尔冶炼厂案后，许多跨境损害造成的严重后果已由国家承担相应的责任，国际上逐步放弃单边性质的哈蒙原则，但随着国际救济体系及责任机制中责任主体的逐渐规范与明朗，国际私法责任也即国际民事责任在跨境污染责任体系中占据越来越重要的位置，从而将部分跨境污染转化为国内事务，因而国家责任与跨境污染或者整个国际环境领域的关系较为微妙。

一方面，环境问题是具有跨国界性质的区域性或全球性问题，国际社会为避免与排除跨境污染造成的损害而自1972年斯德哥尔摩人类环境会议后召开了许多国际会议并通过一系列多边条约、国际宣言等以强调国家责任在国际环境保护中的重要性。其中，斯德哥尔摩环境会议中通过的《人类环境宣言》的内容中就突出了国家的“保证责任”，意义在于确保私人履行国际法中的环境义务，致使国家事前颁布相关法令或采取相应措施，否则因国家懈怠而造成因私人引起的损害则可直接无条件追究国家责任。

然而另一方面，国际环境与国家责任面临着利益的冲突与协调。外观上看，国家责任在国际环境中存在难以确定过失、损害结果衡量标准模糊以及因果关系连接等问题，因而有学者提出目前国际环境保护需要解决的不是缔结什么条约，而是条约如何履行。但国家不愿履行国际条约或者不愿签署双边、多边的环境保护条约的深层次原因在于构建法益保护与国家行为自由之间的根本冲突，也即国际合作与国家主权的矛盾。因而国际环境保护与国家责任的深层次问题根源或者关系连接在于国家的利益与平衡。对于此类问题，有学者持消极保守态度，认为国家责任不应当适用于国际环境问题，因为国家责任所蕴含的法律上形式主义存在不完善性与僵硬性，因而如果国际环境保护套用国家责任，则是对国际环境问题提出了过高要求。当然这样的观点过于刻板与片面，且国家责任在国际法理论中尚以软法为主，不存在导致过于严苛的国际环境义务的因果关系。如果从利益的结果导向看，国际秩序的稳定以及人类共同利益的保护应当是国家利益追求的良性结果之一。因而从这个角度看，国家利益与国际环境保护伴随的国家责任与义务并不存在永久性的对立与冲突。

第九章

国家与国际人权保护

西方启蒙运动开始，一些著名思想家、哲学家如霍布斯、洛克、伏尔泰、孟德斯鸠、卢梭等陆续提出了反对宗教神权，应当保护人权的理论学说，包括对后世影响深远的“天赋人权”“三权分立”“民主法治”“自由平等”等民主、法治的思想，为之后的国际法从国家本位转化为人权本位提供了宝贵的理论基础，也对国际法中人权法的产生与发展起到至关重要的作用。这些人权思想家们普遍认为人权是基于人生而为人的基本自然权利发展而来，其内容具有很大程度上的共通性与普适性。但现实是国家普遍缺乏让渡或牺牲其部分主权去保护人权的动力因素，从而导致国际人权的保护理论学说在提出后的很长时间内都无法形成国际共识。因此，国际法中的人权保护起初主要依靠各国的宪法体系，且其内容主要为明确人权存在及尊重人权等。直至“二战”后，国际人权制度才有了实质性进展，并形成了当今的国际人权法体系，从其内容可以归纳出，国家与国际人权保护理应包含两个层面的关系：第一，国家制定关于国际人权保护的公约，并推动制度构建；第二，国家基于对人权的不同理解促成了人权保护的多样性发展。

第一节 | 国际人权保护的内容及发展

一、国际人权法的发展

国际人权法是由自然法学派学者以及国际法学奠基者们，包括维多利亚、格劳秀斯以及法泰尔等著名哲学家、法学家提出的天赋人权思想发展起来的，各国也基于这样的思想开始调整国内法律以给予外国人公平待遇。然而，由理论构建上升至制度层面的国际法则一直到19世纪初才开始正式确立。其中最早是1814年《巴黎条约》中规定的关于禁止贩卖奴隶制度，基于这样的国际条约，1814年至1815年间国际上也多次废除奴隶制度、禁止贩卖奴隶，这也是初期国际法中关于人权保护的主要内容。

国际人权法经历了从人权认知到形成相应理论体系的进化过程，又因理论体系的不断完善而逐渐达成一部分国家间的国际共识，并基于这些基本共识，经过一部分国家、国际组织与人权专家的推动而产生相关的人权宣言，进而逐步发展出人权条约与公约。目前，国际人权体系形成了以联合国体系为主以及一些区域性和专设领域性的国际人权体系。

国际人权法的全球化高速发展是在“二战”之后，国际社会开始反思，并试图对国际安全与稳定秩序进行再构建，与“二战”前的国际秩序不同，重新构建下的国际制度对人权问题进行了较为密切的关注，尤其是对国际人权的保护问题。具体表现在1945年4月到6月召开的联合国制宪会议，将国际合作与人权保护推向了高潮。《联合国宪章》在国际上第一次宣告保护人权的意义，此举也为之后的东京和纽伦堡审判，以及世界人权发展奠定了基础，铺平了道路。1948年的《世界人权宣言》更是使国际人权观念和思想在全球范围内得以稳固，各国也普遍在宪法中规定了人权保护的内容。近些年我国经济的飞跃极大程度上促进了我国对人权的重视与保护，尤其在扶贫问题以及确保温饱等问题上我国都取得了巨大成效。不仅是实践中，在法律层面我国也明确了政府对人权保护的认可与遵守的内容。在制度层面，我国也出台了一系列的人权发展目标和人权发展计划，并对这些计划进行定期的检查和反思。国际层面，我国积极参与和加入国际人权公约，按时完成人权公约的履行和报告义务等。

二、国际人权法的内容

国际人权法是一个发展的概念，其权利内容是随着国际人权法的发展不断丰富的，目前国际社会已经发展出第五代人权理论，和传统三代人权理论相比，内容上有了很大的发展。当然，新发展的人权理论还存在一定的国际争议，而传统的三代人权理论是得到普遍认可的，其法律地位在国际法中类似于国际强行法。

《世界人权宣言》是第一个将人权划分为第一代人权与第二代人权的国际宣言。其中，第一代人权包括人的公民权利和政治权利，而第二代人权则是关于人权的社会与经济以及文化的权利。为了让这些权利内容更为清楚明确，1966年，联合国大会通过了《经济、社会及文化权利国际公约》以及《公民权利和政治权利国际公约》。前者于1976年1月3日生效，而后者于同年3月26日生效。两代人权的区别依据西方学者的观点，主要体现在两个方面：第一，公民权利与政治权利更强调每个人的个人权利，而社会、经济及文化权利则强调集体性的权利；第二，公民与政治权利的实现要求国家采取迅速、尽快达成的措施，而社会、经济以及文化权利则允许国家逐步实现。

具体而言，依据《公民权利和政治权利国际公约》，第一代人权内容包括人的生命、财产、人身自由权、安全权、选举与被选举权，言论、出版、集会、结社自由，公正审判、思想和宗教自由、尊重隐私和家庭生活权。这些权利也被视为消极人权，因为强调的是国家不干涉个人自由的基本权利，其理论基础是资产阶级提出的“天赋人权”说。

第二代人权依据《经济、社会及文化权利国际公约》包括人作为社会的劳动者参与经济、社会、文化生活方面的权利，包括就业权、劳动权中的同工同酬、社会保障以及文化教育、婚姻自由、妇女儿童保护等权利。该公约也强调了人的第二代权利和第一代权利具有同等的重要性，不可分割，并赋予和肯定人的自决权，从而人可以自主地决定其在国家管理下的政治地位等，以为谋求其经济、社会和文化权利铺平道路。

除了一、二代人权外，国际上还出现了第三代人权，是由法国人权学者卡雷尔·瓦萨克提出的，他认为第一代人权形成于17、18世纪的美国和法国的大革命时期，主要针对之前国家的统治，实现公民的公民权及政治权利，倡导国家的消极干预。而第二代人权形成于19世纪俄国社会主义革命时期，重点在于对人的经济、社会以及文化发展道路的选择，倡导国家积极行动，因此也被称为积极人权。第三代人权则是建立在全球化的国际背景下，是“二战”后国际社会步入全球化发展潮流的体现，反映了国际社会中国家相互依存以及对全球资源重新分配的现象，因此第三代人权主要是集体性人权，包括民族自决权、和平权、环境权以及发展权等。尽管第三代人权提出后在国际上备受质疑，例如，一些学者从人权本质角度出发，认为其内容本质是保护部分集体而不强调私人，不属于人权的范畴，但第三代人权理论的提出仍然对之后的人权发展产生了深远的影响，一些学者也基于此对人权理论提出了更多的思考和探索，例如当下一些学者在信息化、数字化发展过程中，提出了“数字人权”的理念。

第二节 | 国际人权法的监督机制

国际人权法的发展经历了社会认知即人本位化思潮兴起，并逐渐推动建立起国际社会相应的人权保护机制，包括法律层面的条约性质的人权保护文件。当然，国际人权的进步除了归功于国际条约、国内宪法体系等法律的推动，还包括专家在理论学说构建层面的推动。比如，20世纪中期联合国就建立了由人权专家组成的联合国人权机构，针对国际人权问题提出人权倡议，并草拟国际软法性质的宣言文件，推动国际社会通过更具有法律约束力的硬法性质的国际条约等文件。当前已经建立了以联合国为主的国际性人权保护机制以及区域性国际人权保护机制。

一、全球监督机制

人权理事会在国际人权法体系中建立了普遍性的定期审议制度，监督各国人权公约的履行情况与司法实践。联合国成员国也有相关义务向联合国人权理事会定期提交报告，通常情况是一年一提交，汇报工作，再由人权理事会的专家进行审议，提出报告中的问题并进行评价，履行监督制度，各国也有义务对人权理事会的回应作进一步的反馈。外观上看，这样的监督机制似乎并没有进行严格的惩治性规定，但由于每个国家都不希望在国际上有不尊重与保护人权的不良声誉，因此各国通常都会采取积极措施保护人权。从这个层面看，可以说人权理事会建立起的定期审议制度在国际人权监督上作出了巨大的国际贡献。当然，国际上通常情况下都会成立专门的理事会监督各国公约的实施情况，因此其他的人权条约，如《妇女政治权利公约》《儿童权利公约》等，一般情况下也存在类似的监督机制，有学者将这样的国际法落实机制称为“约定必须信守”的诚实信用履约机制。

除了定期审议制度，国际人权法体系中还存在通过个人控诉机制和国家间控诉机制监督各国的人权公约履行。其中，第一种情形个人控诉机制是指如果个人遭受到其国家的人权侵害，可向国际人权组织提交个人来文并阐述情况，该来文会使组织启动调查机制。但是个人控诉机制需要国家的申请和加入，因此有些国家基于对国际组织和机构的不信任，而没有加入和承认个人控诉机制。第二种情形国家间控诉机制，即一国可以控诉另一国在人权问题上存在缺失，该控诉的结果依然可以启动国际组织调查机制。这些内容共同构成了全球性的国际人权保护监督体系。

二、区域监督机制

除了全球性质的监督机制，还存在区域性质的人权监督机制，其中最为完善的就是欧洲的人权机制。之前的欧洲人权机制是由人权理事会和人权法院两者并轨进行，即人权理事会对一般事件进行审核并对提交给人权法院的一些诉求进行初步审理，当其认为满足起诉要求时，才交给人权法院处理。但由于这样的机构设置和程序设定过于复杂，不利于人权的保护，因此在《欧洲人权公约》修订后，欧洲人权问题统一由欧洲人权法院处理，欧洲人权法院内部设置也相应地作出了调整，即设立初审法院和一些处理专项问题的法院。这样改革的利处在于大大简化了审理人权问题的程序，提高效率，但可能造成人权诉讼权利的滥用，增加法院的工作量，甚至造成司法资源的浪费，这也是当前欧洲人权法院面临的主要困境。

总体上可以说，国际人权保护制度中的监督机制对国际人权问题的解决与完善起到了不可替代的作用，目前国际构建的人权体系也趋于成熟，但仍然有些问题对未来国际人权的发展存在潜在的威胁：首先，区域性国际人权保护中，人口最多的亚洲没有建立相应的国际人权保护法院。其次，国际人权保护与其他国际利益或法律秩序存在冲突时，如何平衡与协调等问题有待解决。最后，当前的国际人权保护公约缺少大国加持，例如，我国目前还没有加入《公民权利和政治权利国际公约》，而美国没有加入《儿童权利公约》。没有大国加持，关于这些公约的实效性就会存在质疑。

第三节 | 国家与国际人权保护

一、人权本质

人权作为社会学与法哲学的交叉概念，具有一定的特殊性，各个时期人们对于人权内涵的理解也各有不同。因此，人权概念具有历史价值与社会价值的双重维度，对人权本质的研究也应当基于一定的社会、历史条件进行理解。例如，起初的人权概念具有一定的局限性，主要指个人的政治权利自由，像1776年美国《独立宣言》所述，人权包括生命权、自由权和追求幸福的权利；以及1789年法国《人权和公民权宣言》所规定的人权是“公民权”。但“二战”后，人权的概念内涵的边界又有所拓展，包括人民自决权、发展权、环境权以及国际安全权等集体性、全球性的权利。

因此，究其本质，人权并不是一个无关历史的超验概念。相反，人权本质具有一定的历史因素与社会因素。其中，历史因素体现在人们对于人权的理解是随着历史的发展而不断变化的，人权本质并不因历史的前进而一成不变。综观各国各时期的人权思想、人权理念以及人权学说对于人权本质的解读，可以认为人权从本源上是指人对于幸福生活的一种美好追求，而对于幸福生活的深度与维度的理解又因不同的时代而不同。具体而言，对人权本质的探索经历了由思想发端到理论构建，再由理论的成熟推动制度的发展，并伴随着20世纪初开始的全球化进程而使国际人权观念拓展。因此，人权的核心本质涵盖了思想、理论、实践、权利等价值概念，对其的理解需要结合相应的时代背景与社会内涵。

不仅如此，人权不仅是一项法律制度，更是人类社会学中的一项基本理论。因此，人权除了具有历史性外，还兼具社会属性。从人权认知的本质出发，依据法哲学理解，人权探讨的是人之所以为人所应当享有的权利与尊严，是人生而为人对稳定幸福生活的向往与追求。从这个层面看，人权本质的理解应当结合人所在的社会环境以及其身处的国家制度等，脱离社会去理解人权本质是无意义的。因此，人权本质是一个经验的事实，是社会制度的实践。

二、国家与国际人权保护的关系

从历史发展历程层面考察，人权理念最早是由欧洲中世纪倡导的“人本主义”发展而来，这个时期人们开始对其所在的现实世俗生活有所向往与追求。基于此，统治者们也开始变革其治理体系，以顺应人民的意愿与时代思想的转变。最先开始的是英国《大宪章》中确立的限制皇权的基本原则，包括保护皇权的财政权，不得任意征税等。不仅如此，皇权的决策权也受到当时贵族阶层的约束。然而，人们对人权概念的理解却并没有停止，随着时代发展，人权的内涵也围绕着保护权利不断扩大发展。比如，到了法国大革命时期，人们对人权的理解已不再限于贵族阶层的权利而扩大至人民，并由此发展出“人民主权”的概念，此时英国对人权内涵的理解也发展为“议会主权”。之后，随着国家间的不断交往，19世纪末一些基督教徒开始对其国民因在外国遭受不公正对待而鸣不平，并形成了早期的人道主义干涉，从此国际人权理念也在国家间不断推动与影响，各国纷纷建立自己的国内人权制度。但由于各国文化、制度、经济以及地理位置等因素的影响，各国对人权理念的理解均有所不同，相应的国内人权保护制度也存在差异。

20世纪初期，《凡尔赛和约》形成了国际劳工组织，国际社会开始关注和保护国际劳工领域的人权问题。“二战”后，国际社会尤其是欧洲社会对“二战”期间犹太人遭受的折磨与灾难进行了深刻反思，认为有必要建立起一些国际人权制度并形成一些国际人权理念，以保护国际人权。基于此，

《联合国宪章》确立了“大自由”主义，为世界人权的发展奠定了基础。因此，简言之，人权发展是由人性的苏醒推动了国家制度的建立，再由此形成了国际人权制度，从而使国家与国际人权保护存在第一个层面的关系，即制定和推动国际人权的发展。

人权本质具有历史与社会的双重属性，各国的人权制度也基于历史发展道路不同，经济、社会、法律文化的差异等，而并不相同。比如，在人权的内涵与外延的理解上，以及在人权保护的优先次序上，各国都存在差异。国际上也经常有“中国人权观”“西方人权观”“东亚人权观”等不同人权观念的词汇。从制度层面诠释人权观也可以理解为是人权意识、思想、理论、观念等的制度化表达。因此，人权保护与国家的第二层关系是国家基于对人权保护的不同理解而建立的不同制度，这很大程度上推动了国际人权保护的多样性发展。我国学者早在20世纪90年代就意识到并提出了国家与人权保护的第二层关系，认为人权的意识形态标准具有明显的时代性、阶级性以及民族性。由于国际社会的无政府状态以及国际法标准的复杂性，国际人权保护仍然依赖于国家制度，而国家因制度的差异也促进了国际人权保护的差异性和多样性的共存发展，这也是国家在国际人权保护过程中的作用与影响。

第十章

国家外交制度理论

国家外交的法律体系主要体现在关于外交的国际法，包括外交习惯和外交条约，以及国内法中关于外交的原则、制度和关于外交人员的体系等。因此，外交法中的内容源于国际法与国内法的理论。其中，关于外交人员的体系又包括外交人员的层级、等级以及这些外交人员的权利义务等。例如，我国《外交特权与豁免条例》中就特别规定了外交领事的豁免条例。

其实，关于外交的国际法发展早在欧洲结束30年国际战争（1618—1648）建立了威斯特伐利亚外交体系之后，欧洲社会就初步形成了国际法意义上的外交体系，包括主要通过外交会议、互访、外交使团活动等形式维持欧洲各国之间的紧密联系。相比当今国际法外交体系，此时期外交体系还没有形成国际条约这样的外交法，而是主要通过国家间彼此的试探而逐渐形成外交习惯。可以说此时的外交法体系因主要由国际习惯构成而具有不明确和模糊的特征。因此，此时的国际外交体系容易引发误解与争端。

基于此，1815年欧洲国家在维也纳召开会议，对外交法律体系进行了进一步规定。“一战”后，世界又针对外交的一系列规则进行了讨论，并于1916年形成了《维也纳外交关系公约》。该公约于1946年生效，具有里程碑式的时代意义，为现代外交法奠定了重要基础。我国于1975年加入《维也纳外交关系公约》。1969年，国际社会又议定了《特别使团公约》，并于20世纪70年代讨论了其他关于外交的公约。至此，这些外交公约的达成使国际法上的外交体系形成。

第一节 | 外交机关

国家间主要依赖的国际外交法又被称为外交关系法，是指调整与规范外交关系的国际法原则、规则以及制度的总和，其法律渊源包括国际条约、国际习惯以及国内法，具体包括外交代表机关的派遣和接受；外交代表机关的职责；外交代表机关和外交人员的特权与豁免；外交代表机关与接受国或接受国际组织之间的关系等。

一、国内外交机关

国内的外交机关主要包括该国的国家元首、政府首脑以及该国的外交部门等。当然，这些国内外交机关通常在一国的宪法和其他法律中会进行明确的规定。国际上，一般情况下，认可国内外交机关在对外关系方面可以有自己的职权范围，并代表本国进行外交活动。下面就这些国内的外交机关做具体的分析。

第一，国家元首。依据国际社会的一般原则，国家元首是指国家在对外关系上的最高机关和最高代表，其可以是个人，也可以是政治集体或政治团体。国家元首在对外关系上的职权一般由本国宪法规定，可以包括派遣和接受外交代表、参加一些国际会议、批准和废除条约、宣战和议和等。因此，国家元首在外交会议上的发言都可以视为这个国家的立场，也可以视为国家实践的语言证据。而从宪法学的角度看，国家元首完全可以代表国家，无须全权证书或者通过宪政体系进行明确的授权。依据我国宪法，我国国家元首是中华人民共和国主席，其可以当然地代表中国接受外国使节，并根据全国人民代表大会常务委员会的决定，有权派遣和召回驻外全权代表，批准、废除同外国缔结的条约和重要协定。同时，国家主席也可以根据全国人民代表大会的决定和全国人民代表大会常务委员会的决定宣布战争状态等。

第二，政府首脑。依据国际习惯，政府首脑通常是指国家的最高行政机关，也是国家对外关系的领导机关。当然，各国关于政府的名称可以不一致。比如，我国政府是国务院，日本叫首相。但不管如何命名，依据外交法，政府或者政府首脑和国家元首一样，都当然地代表国家，其职权范围也通常由本国宪法和有关法律予以规定。通常情况下包括领导外交工作、管理对外事务、签发外交代表的全权证书、任免外交人员、与外国政府进行谈判、参加国际会议、签订条约等权利。根据我国《宪法》和《国务院组织法》的规定，国务院在对外关系方面的职权包括统一领导各部和各委员会的工作，管理对外事务，同外国缔结条约和协定，任免外交部副部长、驻外使馆的参赞、驻外总领事等外交人员，核准某些协定和议定书等。

第三，外交部门。国际外交法中的外交部门一般是指专门从事外交活动的国内机关，是一国政府中主管国家对外事务、执行国家对外政策和处理日常外交事务的专设机关，名称通常为外交部。外交部门在对外关系方面的职权主要包括领导和监督驻外代表机关及其活动、与外国使馆以及特别使团保持联系和进行谈判、保护本国及其公民在国外的合法权益，例如提供外交保护等。当然，本国政府及各部门同外国政府和外国使馆的联系，一般都是通过外交部进行。

二、外交代表机关

除了国内外交机关，国家间的外交体系中还有外交代表机关，是指一国派驻外国的外交代表机关，通常为常驻的外交代表机关。外交代表机关最为常见的形式是使馆，一国派驻国际组织的常设外交代表机关称为常驻使团或者代表团。我国接受外交代表机关的历史始于1858年中英《天津条约》的规定，接受英国外交使节常驻京城，并于1877年在伦敦设立公使馆。此后，我国相继在其他国家派驻常设外交代表机关。当然，以前的外交机关都具有临时性，且遵循“一事一议”原则。这样的做法虽然目标明确，且节约议事成本（因为临时性的组织不需要承担场地及人员管理的费用），但可能会造成议事效果不佳，以及由于过去交通不便等客观原因，临时性的议事模式耗费的时间成本过高，不适用于当下国际关系高速发展、日新月异的国际情势。因此，当代外交机关通常情况下是常驻的。各国也纷纷开始建立使馆，制定使馆制度等国家制度。我国最早建立的使馆是俄罗斯馆，在《俄罗斯使馆纪事》中也有明确记载，但是真正的使团联系是在1861年之后。

基于使馆的枢纽作用，其职责一般包括在接受国中代表派遣国，在国际法允许限度内保护派遣国及其国民之利益，和接受国政府办理交涉等事宜。可以采用一切合法手段调查接受国的状况和发展情形，并向派遣国政府工作报告，促进派遣国与接受国间保持友好关系，以及发展两国间之经济、文化与科学关系。除此之外，使馆还可以担负国际法所许可和接受国同意的其他职务，包括执行领事职务、受托保护第三国及其国民的利益等。

因此，使馆的职权与其作用可以归纳为五个方面：第一，代表。使馆可以代表派出国的国家意志，这是由其外交属性所决定的，并不代表其个人观点与立场。第二，保护。保护作用是指使馆可以依据属人管辖对拥有其国籍的公民进行外交保护。第三，枢纽。因为使馆的设立可以快速传达和交换两个国家之间的信息和意志，因此其可以作为沟通两国意志的枢纽。第四，调查和报告。调查和报告是指对驻在国调查有关其政府动态和民间状态以及一些经济层面、社会层面和军事政治方面的信息等，并将获取的信息向本国报告，这属于使馆职权范围内被允许在派驻国进行的活动。第五，促进。国家实践中，使馆内常常会举办一些促进两国之间文化交流的文艺会演、文化联谊等活动，起到了促进两国交流与发展的积极作用。

第二节 | 外交人员

一、使馆人员

国际法上使馆人员通常是由使馆馆长和使馆职员组成。其中，使馆馆长是派遣国责成担任此项职位的人，而使馆职员则包括使馆外交职员、行政及技术职员和事务职员。其中，外交职员是指具有外交官职位的使馆职员，包括参赞、武官、秘书和专员等。国家的外交制度上，使馆馆长和外交职员统称为“外交代表”，行政及技术职员指包揽使馆行政和技术事务的使馆职员，事务职员指为使馆服务的使馆职员。

国家间的外交制度中主要对使馆馆长的级别、职务以及终止情形达成较为一致的国际共识。依据国际外交制度，一个使馆有一个馆长，代表其国家意志。通常情况下，使馆什么级别，馆长就是什么级别。国际上对使馆级别一般分为三种。第一级别是大使、公使。依据我国法律，大使和公使属于一个级别。第二级别是代办或临时代办。一般是大使或者公使有事时，临时主持事务。第三级别是服务人员。一般情况下是使馆所在国招聘来的提供服务的人员，比如使馆的厨师、司机或者打扫房间的清洁人员等。关于使馆职务终止情形可以追溯到传统国际社会认为国家有“使节权”。到了现代外交关系法上，这种“权利”因为接受国积极的拒绝权而协调。依据国际公约《维也纳外交关系公约》第4条的规定，派遣国对于拟派驻接受国之使馆馆长人选务须查明其确已获得接受国之同意，接受国无须向派遣国说明不同意的理由，这是基于国家主权所赋予国家可以依据自由意志进行独立决定的事项，其他国家不得干涉。因此，派遣国只有在接受国明确表示同意接受拟任命的使馆馆长人选以后，才可以正式任命派遣。

根据《维也纳外交关系公约》的规定和目前的国际实践，使馆人员的职务可以在以下情况下终止：第一，任期届满。即使馆人员任期届满，意味着其职务即告终止，除非延长任期。第二，派出国召回。这种情况通常是使馆人员因调职、辞职和其他原因而被派遣国召回，其使馆职务也因此而终止。此种情况通常所在国无权干预，这是基于国际法中尊重其他国家主权的国际义务。第三，接受国要求召回。这种情况主要是指使馆人员因某种原因被接受国宣布为不受欢迎或不能接受人员，从而导致其职务终止。第四，派遣国与接受国外交关系断绝。因为使馆建立意味着两国建交，因此如果两国断交，其直接后果就是各自关闭使馆，使馆人员职务终止。第五，派遣国或者接受国发生革命从而产生新政府致使原来的使馆开不下去等情形下，使馆人权的职务也因此终止。

二、外交团与特别使团

国际法制度下的外交团一般是驻在一国首都的某一国家外交代表的总称，通常是指各外国使馆馆长和其他外交人员组成的团体。其中，狭义的外交团仅限于使馆馆长，广义的外交团包括外交人员的家属。外交团是依据国际习惯逐渐形成的，不属于国际法的规章设立的国际化机关，更不是政治组织。因此，外交团不是外交代表机关，因而不具备任何法律职能，其作用通常体现在外交礼仪层面。

外交团团长通常由外交团中等级最高、递交国书最早的使馆馆长担任，因此在驻有大使的国家中，公使不得担任外交团团长，但在一些天主教国家，外交团团长通常由教廷大使担任，这也是一种特别的国家实践。

特别使团是指一个国家经过另一国家同意，为了就特别问题而与另一国交涉，或者因为执行同该国有关的特别任务而派往该国的代表本国的临时使团。特别使团的法律制度主要规定在1969年《特别使团公约》中。在现代外交关系上除了一个国家向另一国派遣特别使团外，民族解放运动组织和国际组织也会采取特别使团的形式开展相关的外交活动。

特别使团一般由派遣国中一名或几名代表组成，可以是该国的外交人员、行政和技术人员，并且派遣国有权指定其中一人为团长。特别使团的具体职能一般由派遣国与接受国双方同意而予以决定，而使馆的职能则明确列举在《维也纳外交关系公约》中。特别使团的派遣通常应通过外交或其他途径事先取得接受国的同意，并在以下特殊情况发生后终止任务。第一，经过有关各国取得协议一致同意后特别使团任务终止；第二，特别使团任务完成后其职务终止；第三，特别使团指定的期限届满，除了明确对其延期，否则其使团任务终止；第四，派遣国发出通知表示其结束或召回特别使团；第五，接受国发出通知表示其认为特别使团已结束等。

三、外交特权与豁免

外交特权与豁免通常是指外交代表机关及其人员可以根据国际法或有关协议在接受国所享有的特别权利以及优惠待遇的总称。广义上，外交特权与豁免还包括国家元首、政府首脑和外交部长的外交特权与豁免。因此，国际法理论关于外交特权与豁免的根据有治外法权说、代表性说和职务需要说三种学说。其中，第一种学说治外法权说是指由于外交代表的驻地象征着派遣国领土的延伸，因而外交使节可以不受接受国法律制约，而接受国也无权对其行使管辖权。该学说本质是一种法律拟制，创自格劳秀斯提出的理论学说，有一定的理论指导意义，但与实际不符，因为实质上外交代表的驻地仍是接受国的领土。第二种学说是代表性说，指由于外交代表是派遣国的代表，而国家是平等的主权者，因此可以根据“平等者之间无管辖权”原则推定外交代表不受接受国的管辖。第三种学说是职务需要说，指使馆和外交代表可以享有特权与豁免的原因在于赋予了使馆和外交代表不会因为接受国的原因而不能正常、自由地从事外交活动的权利，保证其正常、顺利地执行职务工作。《维也纳外交关系公约》采纳职务需要说和代表性说，并在序言中明确指出确认国际法上的外交特权与豁免的目的不在于给予个人利益，而是确保代表国家的使馆有效执行职务工作。

国际法上外交豁免制度与国家豁免制度有本质的区别，具体表现在：第一，主体不同。外交豁免的主体是使馆和外交代表，而国家豁免的主体是国家。第二，基础不同。其中，外交豁免的基础在于使馆和外交代表履行职务的自由和代表性，但国家豁免权的基础是国家之间的独立与平等。第三，内容不同。其中，外交豁免的内容与使馆和外交代表的人身和行动自由有关，可以包含刑事管辖豁免和民事、行政管辖豁免。但国家豁免内容和国家行为及其财产有关，涉及豁免外国法院的民事管辖与强制措施等方面。第四，权利区分性不同。其中，外交豁免是基于身份，并不区分行为的性质。而国家豁免往往在行为性质上区分国家的主权行为与商业行为，因而国际上通常采取限制豁免，对于国家对外国的商业行为不给予豁免。

国际法上外交特权与豁免主要包括三个方面的内容：使馆的特权与豁免、外交人员的特权与豁免，以及其他有关人员的特权与豁免。首先，使馆的特权与豁免。依据国际法，使馆的特权与豁免包括以下内容。第一，使馆馆舍不得侵犯。这属于一项绝对的权利，即该权利不允许被推定，因而这项权利要求其他国家有消极义务，即不侵犯义务。第二，使馆档案及文件不得侵犯。这项权利中对象文件不分机密与否，都不得随意翻阅。第三，通信自由。由于使馆都有自己的电台与通信措施，包括外交邮袋自由，即在两个国家之间交流通过外交邮袋的方式邮寄东西的情况下，所在国不得干涉或者打开。我国出于外交安全考虑，外交部明确规定，外交邮袋的大小不能超过一立方米，这样的做法在国际社会存在争议，因为很多国家认为这样的做法并没有在《维也纳外交关系公约》中规定。但根据荷花号案所确立的国际法一般原则，法不禁止皆可为。因此，现在国际社会还是普遍接受和尊重我国这样的做法。第四，行动及旅行自由，即使馆及其人员有行动及旅行的自由，但要遵守所在国的法律。第五，免纳捐税、关税。通常情况下，具体的规定会涉及馆舍所在地以及相关人员的护照，大多和国际私法有关。第六，有权使用国旗和国徽。这项权利是使馆人员在行使职责时必要的标记。

依据国家间的外交制度，外交人员的特权与豁免主要包括以下内容：第一，使馆馆舍不得侵犯。之前还包括外交公寓不得随意进出，但现在这样的限制少了很多。第二，人身不得侵犯。即不得以任何方式对外交人员进行逮捕或者对其进行限制。当然，这样的限制并不会造成外交人员犯罪的结果，因为外交人员代表的是其国家，而犯罪是对国家的抹黑，派出国可以随时将其召回。第三，管辖豁免。这里的管辖豁免包括刑事和民事的管辖豁免。例外是外交人员在执行公务以外的活动而产生的诉讼以及外交人员自己提出的诉讼。第四，行政管辖豁免。第五，免纳捐税、关税。即只要外交人员拿着护照就可以免交关税。但如果外交人员在所在国享受了其他服务，都需要缴纳服务费。第六，作证义务的豁免。即外交人员可以外交任务为由，不出庭作证。这是为了保证外交人员可以正常行使其外交权，平稳开展外交工作而没有后顾之忧。当然，外交人员的这些豁免权，派出国都可以放弃，这是基于豁免权的权利属性所拥有的权利。

为了照顾使馆人员顺利进行外交工作，国际法也赋予了使馆其他人员一定范围内的特权和豁免。具体包括第一，外交代表的家属。外交代表的家属与外交代表构成同一户口，如果不是接受国国民，则可以享有全部外交特权与豁免。通常情况下，这类家属是指外交代表的配偶和未成年子女。第二，行政和技术职员及其家属。使馆的行政和技术职员以及与其构成同一户口的家属，如果不是接受国国民且不在该国永久居留者，均享有与外交代表相同的特权与豁免。但其享有的特权与豁免有以下限制：1.如果是执行职务范围以外的行为则不享有民事和行政管辖豁免；2.免纳关税仅限于最初安家时进口之物品；3.行李不免除海关的查验。第三，事务职员。使馆的事务职员如果不是接受国国民且不为该国永久居留者，可以在其执行公务之行为范围内享有豁免，其受雇所得报酬免纳捐税，免予接受国施行的保险办法。

依据外交法，对于使馆及其人员在第三国的地位可以总结为包括外交代表前往就任或返任或返回本国，途经第三国或在该国境内，而该国曾发给所需之护照签证时，第三国应当给予不可侵犯权以及确保其过境或返回所必需的其他豁免。享有外交特权或豁免的家属与外交代表同行时，或单独旅行前往会合或返回本国时，也享有同样的不可侵犯权和其他豁免。对于行政和技术职员或事务职员及其家属，遇有上述类似情形，第三国不得阻碍其过境。

依据国际法，特别使团及其人员享有的特权和豁免与使馆及其人员享有的特权和豁免基本相同。不同的规定主要体现在《特别使团公约》中，具体包括特别使团的房舍不可侵犯受如下限制：第一，在发生火灾或其他严重危及公众安全的灾难的情况下，并且只有在不可能获得特别使团团长，或在适当情况即不可能获得常设外交使团团长允许的情况下，可以认为已经获得这项允许，也即这项权利可以被推定。第二，特别使团在交通工具上使用国旗和国徽的权利限于“用于公务”。第三，在民事和行政管辖豁免的例外方面，增加了一类诉讼，即“关于有关人员在公务范围之外由于使用车辆肇事造成损害的诉讼”。

这些特权与豁免权的起始时间应当为享有外交特权与豁免的人员自进入接受国国境前往就任之时即刻享有。已在该国境内者，自其委派通知外交部或另经商定之其他部之时就开始享有。关于这些权利的终止时间可以理解为当其职务已经终止，或者通常于该人离境之时，或听任其离境之合理期间终了之时停止。如果存在武装冲突等情事，也应当继续有效，直到其职务停止。对于以使馆人员资格执行职务的行为，豁免应始终允许。如使馆人员死亡，其家属应继续享有应享有的特权与豁免，至听任其离境之合理期间终了之时为止。这些内容已形成国际习惯法而被各国普遍遵守。

依据目前的国际法与国际实践，凡是侵害外交特权与豁免的行为都是构成国际犯罪的行为。对于该类违法犯罪行为，根据国际法相关法规规定采取普遍管辖原则的标准来进行判定。即不管是哪一个国家和其政权形式，对这类犯罪行为的判定都根据国际法律法规的要求，国际法庭都有权利对其实行刑事管辖的权利。

侵犯外交特权与豁免权引起的责任包括：第一，国家责任。即对所有成员国来说，任何有损于外交特权与豁免的犯罪行为都违反国际法律规范，因为《维也纳外交关系公约》中明确提出，所有成员都享有外交特权与豁免。在美国驻德黑兰外交和领事人员案审判中，国际法院根据上述公约及《维也纳领事关系公约》相应规范条例，认为美国的大使馆和领事馆所有驻外代表以及他们所有的仪器设备安全以及人员的活动自由都应该受到伊朗政府保护，并在审判过程中提出，驻伊朗的所有美国外交人员享有外交保护权利，且该权利不受任何他国组织和个人侵犯。因此，这不仅是对国际社会各项条约义务的履行，同时也是一种国际交往习惯。第二，个人责任。国际法上不管是什么形式的国际违法犯罪行为，为了制止其发生的相关政策和法规制定、操作以及执行等都是由具体的个人，即自然人落实，这是国际社会无政府状态所引起的后果。因此，国际法上要对个体与法律实体所应该担负的责任进行明确的判定，即违法犯罪行为人要承担个人刑事责任，受到合理制裁。因此，关于违反国际法律法规的行为——侵犯外交特权与豁免，要受到国际刑事法的制裁。在追究责任时除了要对相应的国家进行审判外，还要针对个人的行为追究其个人刑事责任，且个人承担刑事责任本身并不能抵消国家的国际责任，这是国际法中的“一行为，双责任”原则。

第三节 | 领事制度

一、领事关系

国际法上的领事关系一般是指一国根据与他国达成的协议，相互在对方的一定地区设立领事馆和执行领事职务所形成的国家间关系。其中，领事关系与外交关系有一定联系，主要表现为两者共同属于国家间的对外关系范畴，并且两国同意建立外交关系，也就意味着两国同意建立领事关系。而在两国尚未建立外交关系或尚未恢复外交关系的情形下，领事关系的存在有助于两国建立和恢复外交关系。在人员制度上，领事与外交代表共同属于外交人员组织系统，统一由外交部领导，外交代表可以同时执行领事职务。当两国无外交关系时，领事人员如果取得外交部的特别授权，也可以兼办外交事务。

领事关系法是为了满足国家之间开展领事活动的需要而产生，并随着领事关系的发展而不断发展。在当今国际法框架下，违反国际法基本原则而建立的不平等领事关系和领事制度已不复存在，因此现代国际法上的领事关系法建立在“互相尊重国家主权”以及“不干涉他国内政”等国际法基本原则基础之上。

1963年《维也纳领事关系公约》较为全面地规定了适用于国家间领事关系的原则、规则和制度的总和。因此，该公约也是国际法中领事制度的宪章性条约。中国于1979年7月3日加入该公约并于1990年颁布了国内的领事关系法，即《领事特权与豁免条例》。该法的主要内容与《维也纳领事关系公约》的规定保持了基本一致，并在某些方面作了新规定和必要补充。

二、领馆

领馆历史比使馆还早，20世纪领馆制度和馆舍在欧洲的各大港口城市就算比较常见了。通常情况下，大国往往会建立一个使馆和数个领馆，而小国出于节约成本的考虑，往往则是使馆、领馆都在一起。使馆和领馆体系中的人员都属于外交体系人员，都是外交关系法中的一部分。但使馆没建立时，就可以有领馆，这也是这两个体系的一个明显的区别。

领事法体系中，领馆馆长分为四级：总领事、领事、副领事和领事代理人。依据《维也纳领事关系公约》，没有要求缔约国在实践中必须派遣或接受这四级馆长。因此，实践中，各国可根据实际情况自主决定派遣或接受上述任一级别的馆长。各国还可以为馆长以外之领事官员设立衔名。在国际实践中，各国可以根据其国内法，委派各种职衔的领事官员。我国在外国建立的都是总领事馆。

领馆的作用主要包括以下几个方面：第一，办理签证。这也是领馆最重要的服务。签证意味着是否允许外国人入境，包括难民和无国籍人。因此，依据国际法，领事最主要的功能就是允许外国人入境。

第二，对本国国民的保护。即对本国国民在国外利益的维护。因为领事最早就是同业工会，也就是当同业的人在国外发生商业冲突时，会选出其中德高望重的、有社会影响力的人进行调解和解决。之后，再由官员进行扶助，悬挂同业人本国的国旗，从而逐渐发展为当代国际法上领事保护。比如，2011年1月我国在利比亚的撤侨活动就是由中国领事组织。当然，关于领事保护的正当性和合理性现在国际法上还处于讨论的阶段，有待国家实践以及理论的进一步发展。

第三，办理公证，比如领事婚姻。通常情况下，一个国家派驻在另一个国家的领事是可以提供类似民事关系证明的，比如婚姻或者财产的公证。因此，领事可以相当于本国的民政部门，提供这种公证，使得相应的民事关系和权利稳定固定，起到告示此类民事关系的作用。之后，如果公民会到本国或者其他国家，领事承认宣告的民事关系也应当得到承认和保护。

第四，调查，即对本国在所在国的相关问题进行调查。由于领事更加民间化，因此，他们得到的信息往往比使馆更加真实有效。另外，由于一国派驻在另一国的使馆只有一个，因此通常情况下使馆是建立在这个国家的城市中心。而领馆则可以有几个，并且建立在该国的其他城市，因而领馆的调查和报告范围相对使馆也会更加广泛。

第五，促进外交。和使馆一样，领馆也可以在文化方面进行促进和交流，虽然这样的交流可能比较有限，但仍然可以起到促进外交之作用。同时，领馆也可以向使馆要一些文化类的资料、调查报告等进行调研。

第六，对本国船舶和飞行器进行调查。比如，甲国的船舶到达乙国遇到困难，如果直接由乙国的司法介入比较严肃正式，可能会造成两国关系紧张僵化。因此，乙国通常就会协调驻该国领馆进行协同调查或者由甲国的领馆调查，乙国进行陪同。

国际上，国与国之间领事关系的建立，通常以协议确定。除另有声明外，两国同意建立外交关系亦即同意建立领事关系。但是，断绝外交关系并不当然断绝领事关系。领事是一国根据与他国的协议，派驻他国一定地区执行领事职务的人员。

相比之下，领馆的特权与豁免权层级要比使馆的低，原因在于领馆并不能完全代表国家，而只能维护人民的经济利益。领馆的特权与豁免主要包括以下内容：第一，领馆馆舍不得侵犯。当然这项权利不是绝对的，是可以推定的。比如，如果领馆着火，所在国有权利推定其需要灭火而前去救火。第二，可以悬挂本国国旗。第三，档案和文件不可侵犯，但这是一定程度的通信自由，不是绝对的。第四，可以旅行自由。第五，可以免纳关税，免捐税。

相应地，领事官员及其他领馆人员享有的特权与豁免主要包括：第一，人身不得侵犯。第二，管辖豁免。第三，作证义务的免除。第四，免除捐税、关税和免受查验。第五，其他特权与豁免。我国《领事特权与豁免条例》还特别规定了领事官员如果是中国公民或者在中国永久居留的外国人，仅就其执行公务的行为，享有本条例所规定的特权与豁免，这是对国际法中领事官员特权与豁免的限制。

第十一章

国家的国际责任法

从法理学角度出发，国际法视域下的国际责任法是指国际责任主体对其国际不法行为或其损害行为所承担相应法律后果的规则、原则以及制度的总称。究其本质，国际责任法中国家的国际责任和国内法中国家的国际责任有很大的不同。从内容上看，国际责任法中的国际责任不是国内法中传统的民事责任和刑事责任，而是依据国际法的法理框架而自成体系的具有强制性的法律责任。从主体制度上考察，国际责任法中的责任主体与国际法中的主体是相一致的。因此，在传统国际法以国家作为唯一主体的阶段，国际责任法也仅指国家的国际责任。但随着20世纪国际组织的壮大以及国际法的完善与发展，当下的国际责任法还包括国际组织的责任以及个人刑事责任的内容，且国家责任的内涵与外延还会随着国家实践的丰富而进一步发展。

研究国际责任制度在国际法中具有重要意义，具体体现在：首先，国际责任法可以为确定国际法行为体基本权利、义务以及行为提供明确界限。因为当国际法中的行为体侵犯了国际法中规定的权利与义务，就应当承担相关的国际责任，因此国家责任其实本质上具备实体法上的意义。其次，国际责任法还具有程序法上的意义，表现在国际责任可以使相关国际法中的权利义务得以实现，这也是现代国际法中争端解决过程中不可或缺的内容。基于此，无论是实体意义还是程序意义，国际责任法在国际法中都占据不可替代的重要位置。当然，由于关于国际责任的很多内容各国都难以达成普遍性的国际共识，当下国际法上也鲜有关于国际责任法的国际法条约和公约。因此，国际责任法在实践中存在理论作用与实践作用不一致的困境。

目前，关于国际责任法具有普遍认可性的国际法律文件是2001年国际法委员会根据长期的国家实践总结归纳的《国家对国际不法行为的责任条款草案》。但由于该草案不是公约，因此并不具有国际法的法律约束力。但从国际法发展的动态角度出发，该草案可以理解为条约的先导。并且实践中该草案也经常被各国当作衡量自己行为有没有违反相应条款、是否承担相应国际责任的重要依据。因此，尽管该草案并未发展为国际法而没有约束力，但仍然被各国普遍遵守。

第一节 | 国家责任法

一、国家责任法的发展历程

传统上，国际法中的国家责任也称国家的国际责任，是指国家违反其国际义务而应承担的法律责任。值得注意的是，国家责任的衡量标准是依照国际法，因此国家责任不是简单的一国对另一国不礼貌或不友好等行为而引起的政治责任或道义责任，也不是国际法不加禁止的行为所产生损害性后果的国际赔偿责任。

从国家责任的本质考究，国家责任其实是国家作为享有国际法人格或者国际法主体的法理地位所附加的一种责任要求，因此国家主权不能作为否定其责任的依据。国家责任的内涵与外延在国际法上经历了一个发展的历程：早期国际联盟时期，国家责任是指由国家对在其领土管辖范围内的外国人人身或财产造成伤害所担负的责任。但第二次世界大战以后，国家责任概念发展出新的内涵，即不再仅限于对外国人的伤害，而演进为一般性或综合性的概念，即国家违反其相应的国际义务的责任。这里的国际义务是综合的概念，可以是单边义务也可以是多边义务。此种具有新内涵的国家责任观念成为联合国国际法委员会编纂国家责任概念的基础。

当代的国家责任除了包括国家违反了国际法的不法行为，应当承担责任，还包括未违反国际法或者不明显违反国际法，但给其他国家带来损害的国际赔偿责任。比如，美国的特雷尔冶炼厂案之后仲裁庭认为，一国在使用自己领土时不能对其他国家的领土造成损失，因此要求美国承担相应的国际责任。该案中仲裁庭的理论类似于国内民法中的相邻权。该案例形成了国际法上的认知，即没有违背国际法规则，但仍然给其他国家造成损失时，应当承担相应的国家责任。也就是说，国家对于不加禁止的行为，在某些情况下也应当承担国际责任。但是，关于国际赔偿责任是否属于国家责任的一种，国际法上仍然是存在争议的。

当然，值得注意的是国家的国际责任不包括刑事责任，其主要原因在于国家承担刑事责任构成了结构上的不可能，因为基于国际法的平位法、协定法等的特殊法律性质以及考量到国际社会处于一个无政府的状态，国际上没有超国家或者超级组织可以要求国家强制性地承担其刑事责任，这构成了国家承担刑事责任的不可能。因此，实践中，国际刑事责任由个人承担。例如，“二战”后由日本、德国的将军承担包括战争罪等相应的国际刑事责任，对于其所属的国家，国际社会只是在军事上进行了限制，包括不能设立常备军等。

与国内法相比，国家责任法只是一种普遍性的单一责任制度，是规范国家间责任关系的法律制度，并不区分民事责任与刑事责任、违约责任与侵权责任。但是，由于国家责任同样强调停止与赔偿义务，因此总体上国家责任与国内法上的民事责任具有很多相通之处。与国际法的其他部门相比，国家责任法的渊源也具有独特性。从渊源层面上看，至今没有关于国家责任的条约法规则，国家责任的解释与落实主要是依据习惯国际法规则和一般法律原则，以及涉及这方面的国际判例、双边条约和联合国大会决议等。但由于国家责任理论发展并不成熟，导致迄今为止在国际层面还无法制定和达成一个关于国家责任的国际条约。

二、国家责任法的编纂与发展

国家责任法是在19世纪后半叶伴随着资本主义世界市场的建立所发展起来，起初是从双边性质的国际义务开始，核心要义在于保护外国人待遇的责任要求。相应地，编纂国家责任法的最初努力也是集中于国家对外国人人身或财产造成伤害的责任，1930年国际法编纂会议正式就“国家对在其领土上造成外国人的人身或财产损害的责任”议题进行编纂，并提出相关草案报告。

第二次世界大战后，联合国继续关注国家责任的编纂。国际法委员会从创立之初即1949年起就将国家责任项目列入其工作计划当中，并在1955年决定开始进行研究，指定加西亚·阿马多为特别报告员。20世纪60年代后，国际法委员会改变编纂方法，从对外国人待遇的传统责任法范畴转向对一般国家责任的编纂，并指定罗伯特·阿戈为特别报告员。在阿戈和其之后的其他三位特别报告员，特别是詹姆斯·克劳福德的努力下，国际法委员会最终在2001年通过一个完整的《国家对国际不法行为的责任条款草案》。之后，国际法委员会还特地为该草案附加了《国家对国际不法行为的责任条款草案评注》(国际上通常简称《责任草案评注》)。由于这些研究与编纂者均是世界顶尖的国际法学者，并且该草案与注评经过半个多世纪的反复论证与锤炼，所以《责任条款草案》已当然地成为目前国家责任领域中最为权威的研究成果。

由于国家责任本质是探讨国家所实施的国际不法行为而导致的国际法律责任，其中国家的行为要素的内核是构成国家责任的前提与关键。但是学界和各国对于什么样的行为才算构成国家行为存在较大的分歧，这也直接导致了国际社会至今无法制定和达成有关国家责任的国际公约。

关于国家行为在国际上产生分歧主要包括两个方面的原因。第一，基于国家作为国际法主体的法律拟制性，其行为必须通过自然人的行为表现出来。但由于并非任何自然人的行为都可以被视为国家行为，因此只有当国家的行为符合国际法上构成规则的自然人行为才能上升至国家行为，从而由相应国家承担法律责任，但相关的构成规则具有非常复杂的理论体系，造成解释和适用的分歧。第二，由于国家责任往往在国际社会上属于非常严重的外交事件，任何国家都会在国家责任问题上异常谨慎，对于制定有关国家行为的国际条约更是如此。尽管如此，经过国际法委员会缜密地分析与严谨地说理，《责任条款草案》为化解分歧与达成共识提供了重要的前提与理论基础。

第二节 | 国家责任

一、国家责任的构成要件

依据2001年联合国国际法委员会颁布的《国家对国际不法行为的责任条款草案》，可以将国家责任的构成要件分为两个要素：国家行为的违法性以及该行为可以归因于国家的归因性，这两个要素密切联系且要求同时满足。因此，实践中只有当一个行为同时满足违背国际义务并且根据国际法可归于国家的行为，才可以产生国家责任。这就包括国家行为的作为和不作为。当然，有些学者将归因的要素视为主观要素或主观条件，而违背的要素则认为是客观要素或客观条件。但显然，此种理论并不恰当，因为归因的要素和行为者在行为时的主观意图毫无关系，并且违背的要素是不是客观的一般取决于特定义务的内容。

国际上对国家行为的违法性理论包括国家责任的违法性在主观方面可以是故意或者过失。其中，过失和国内法理论中的过失相同，是指国际法要求国家有谨慎的义务，但是行为主体却没有尽到相关义务从而产生责任，其主观方面可以是疏忽大意，也可以是过于自信或放任行为的发生，这些均构成主观上的过失，是国家责任违法性的主观要素。国家责任违法性的客观要件同样包括作为和不作为。其中，不作为是指基于国际法国家本应负有某种义务作为，或者国际法要求该国家应当担负相关作为的法律义务，但该国却没有履行这种义务的一种行为状态。因此，国际上的国家责任包括行为体客观方面的作为和不作为要件。从主客观条件看，国际法对于国家责任主客观的认定还是符合现代国际关系的基本状况的，且认定构成上较为全面。国际法中的责任理论也是基于国际法中权利和义务展开。

国际法理论中国家责任的归因性是指某种行为可以归因于国家，包括国家机关行为或者受到一个国家机关的指挥、控制、胁迫以及支配状况下的行为，都应当归因于该国家，具体来说包括以下几种。

第一，国家机关的行为。国际法上的国家机关是一个具有最广泛意义的概念，包括组成国家并以国家名义行事的所有个人和集体公共组织。这里的任何国家机关不管其行使的是立法、行政、司法还是任何其他职能，也不论该机关是民事机关还是军事机关，更不论其在国家组织中具有何种地位或作为该国中央政府机关或一领土单位机关而具有何种特性，其做出的行为均应视为国际法所指的国家行为。该归因性的合理之处在于国家机关代表国家权威。

第二，国家官员的行为。同样地，国际法上国家官员也是一个广泛的概念，通常是指为国家所雇用并且拥有政府权力职衔的人员，该概念不仅包括行政官员，还包括立法官员、司法官员和军事官员。即所有被任命为国家公共管理当局的人员，无论其官衔或职位的高低等，均属于国家官员。国际法上国家高级官员通常包括国家元首、政府首脑和外交部长。其中，国家元首是国家的代表，政府首脑是国家最高行政机关的首长，同时也可能是国家的代表，外交使节是派遣国在接受国的代表。这些官员的行为都应视为国家行为，且这种代表国家并以国家名义行事的个人与国家机关在归因性上本质相同，均源于其职位代表国家权威，具有国家的权力外规。但由于实践中难以区分个体的行为是官方行为还是私人行为，因此国际法上采取推定的普遍做法，即无论国家官员是行使其私人行为还是公职，只要其行为构成国际法中的侵害行为，均视为官方行为，当然地代表国家，国家基于归因性而必须承担国际责任。其他国家官员的行为并不必然归于国家，而取决于他们是否以其官方身份行事。其他国家官员以官方身份所为的公务行为属于国家行为，而他们的私人行为不应视为国家行为。这些惯例已经形成习惯国际法的内容。

第三，经授权行使政府权力要素的个人或实体的行为也可以归因于国家。国际上承认经依法授权行使本应当由国家机关行使的公共性质的职能并以该名义行事的行为，且将这些行为归于国家而成为国家行为。有这些行为的国际法实体可能包括政府的各种代理机构、国有公司、准国有公司甚至私营公司等。

第四，交由一国支配的机关的行为。国际上如果一国家将其某一机关交由另一个国家支配，并且该机关行使支配国的政府权力，则其行为均应视为支配国的行为，而不能归于其所属国的行为。因为国际法上“交由支配”的行为意味着具有派遣国机关地位的实体或个人是经接受国同意并在其管理之下。但如果经接受国同意而派往该国的机关仍然保持其自主性，行使派遣国的政府权力要素，则其行为不归于接受国。

第五，一些越权或违背指示的行为。依据国际习惯法，如果国家机关、国家官员或经授权行使政府权力要素的个人或实体逾越权限或违背指示，并以其官方身份或以其官方名义行事，则即使其是在隐蔽的或不适当的私人动机下进行的，其行为仍应被视为国家行为。这些规则也是国家实践、法学理论和司法判例所一致承认的。

第六，一些私人的行为。国际法上私人的行为一般是与国家行为相对立的概念，因此通常情况下，私人、个人或一群人的行为均不归于国家，这也属于国际法上的一般原则，是习惯国际法的内容。但是，如果行事的私人与国家之间存在特定的实际联系或私人行为与国家本身的行为有关，则可发生例外的情况而归属于国家行为，且国家需承担国际法上的责任。比如，私人的行为如果实际上是按照国家的指示或在其指挥、控制下进行的，则其行为应归于国家，其归因性的基础在于在这些情形下，国家意志已取代私主体的意志，因此其行为不再属于私行为。不仅如此，实践中对于行事时不归于或不可能归于国家的私人行为均应视为国家行为。当然，每个国家基于主权可以管理其本国的国民，因此如果国家没有尽“适当注意”义务从而防止私人从事国际侵害行为和在事后予以救济，则必须对私人行为的后果负责，这也是国际法中基于法的公平正义原则赋予国家应当承担的补充责任。

二、国家不法行为的解除

国际法上解除国家行为不法性的情况是指国家可以依据一些合法的理由免除承担国家责任的主张。但这些情况并不是国家豁免责任，而是国际法上可以解除归于国家的、表面上违反国际义务行为的不法性。根据一般国际法原则，解除行为不法性的情况主要有：

第一，基于同意的情形。国际法上的同意是指一国以有效方式对另一国的某一特定行为表示同意。比如，在一国领土上安置设施或对该国予以人道主义救济或拯救行动时，如果事先得到该国的同意，则为合法的行为。国际法上同意的作出时间可以在事先甚至行为正在发生之时，当然也还可以在行为发生之后。但事件发生之后的同意属于一种弃权或默认而导致丧失援引责任的权利，并不解除行为的不法性。国际法上解除不法行为的同意通常是明示的，因而国家的同意必须满足两个条件，一是同意必须以有效的方式表示，二是特定行为必须在该项同意的范围内。

第二，基于自卫的情形。依据《联合国宪章》第51条和习惯国际法，对武力攻击可以采取合法的武力反击措施，因为自卫无可争议地是国家使用武力、不遵行在国际关系中禁止使用武力威胁或使用武力原则的例外。但这不等于说自卫行为本身即可解除在所有情况下或对所有义务的违反行为的不法性，也就是说国家行使自卫权必须在一定的限制条件下，遵守自卫概念所要求的必要性和比例性标准，以及遵守国际人道法和人权义务，否则使用武力本身也构成行为的非法性。

第三，基于不可抗力的情形。国际法上的不可抗力与国内法中的不可抗力概念具有相似性，是指一个国家由于不可抗拒的力量或无力控制、无法预料的事件所造成的情况。造成国际法上不可抗力的起因可以是自然或环境的事件，或这两种情况的某种结合而直接造成的一国不遵守其国际义务的行为。

第四，基于危难的情形。国际法上的危难是指其行为可归属于国家的行为者本人或受其监护的其他人的生命受到迫在眉睫的危险等极端情况。如果一国不遵守该国国际义务的行为是基于国家行为者在遭遇危难情况下无其他合理方法挽救生命，则该行为的不法性可以解除，这也是国际条约和司法裁决一致接受的原则。

第五，基于危急情况。国际法上危急情况是指一国的基本利益遭受某种严重迫切危险的特殊情况，像外国侵略、金融危机、严重的石油污染、某种珍贵物种濒临灭绝、大规模寻求庇护的难民等。当一国不遵守该国某项国际义务的行为是为了保护其基本利益，而这是此种对抗某种危急情况的唯一办法时，则该行为的不法性可以解除。当然，国际上援引危急情况必须满足两个条件，一是有关行为必须是为了保护基本利益以抗拒某种迫在眉睫的严重危险而采取的行为，二是有关行为不能严重损害对之负有义务的一国、数国或整个国际社会的基本利益，否则无法解除行为的不法性。

三、责任的一般形式

2001年的《责任条款草案》中对国家责任的形式作出了大致的规定与列举，包括“继续履行”“停止和不重复”“赔偿”等内容。其责任形式的核心要义在于救济，但也包括惩罚性质的补偿责任与赔偿责任，与国内法具有相似之处。国家责任的特别报告员加西亚·阿马多就提出了“补偿的最后一个特点是其主要具有惩罚的性质”。实践中，国际社会也不乏惩罚性质的国际法案例，如美国与墨西哥组建的混合求偿委员会就要求私人使用武力的非法行为需对原告支付惩罚性赔偿金，“孤独号案”也是国际上惩罚性赔偿的典型案例。

依据国际习惯和国家实践，国家责任的一般形式可以归纳为精神层面和物质层面的责任两种。其中，精神层面最为常见的责任形式是道歉。1999年，中国南斯拉夫大使馆被炸案中美国就采取道歉的责任形式。相对于精神层面，国际责任中物质层面的责任形式较类似于国内民法，包括恢复原状等理论。目前，国际法上最为常见的责任形式就是反措施，包括报复、制裁等。显然，这些反措施的责任形式并不积极，也不利于争端的解决，更有损于国际社会的和平与安全。因此，在实施反措施时，国家必须采取适当的和合理的行为，具有一定的相称性与比例性。在国际不法行为已经停止且已将争端提交有权对当事国作出具有约束力的决定的法院或法庭时，国家不得再采取反措施。对于已经采取反措施的情形务必进行技术停止且不得无理拖延。当然，如果责任国没有信守承诺、诚实信用地履行解决争端程序，则此项限制条件不再适用。

第三节 | 国家的国际赔偿责任

一、国际赔偿责任的内涵

国际法上国家及其他国际法主体的国际赔偿责任是指国家或者其管辖与控制下的私人实体从事国际法不加禁止的行为并且造成跨境赔偿责任，因此国际赔偿责任也被一些学者称为“跨境损害责任”，是由现代科技条件下国家经济利用活动而发展出的概念与产物。显然，这种赔偿责任不同于传统的国家责任，因为其并不以行为的不法性为基础。学术界关于国家赔偿责任的理论学说包括合法行为责任说，该学说认为国际责任的产生仅取决于域外损害事实而与行为的不法性无关；危险责任说，该学说认为损害责任应当以造成其他国损害行为的危险性作为确定责任的前提与标准，也即行为危险性构成了赔偿责任的依据；违反国际义务说，此种观点认为国家承担国际赔偿责任的主要原因在于国家行为违反国际义务，应当承担国际后果，其中国际义务可以是对其他国家造成损害的义务、违反预防与合作义务。这里的国际义务应当作扩大解释，可以是对其他国家造成损害的义务，违反预防与合作义务，以及权利滥用等义务。

我国学者曹建明也提出了国际法框架下，国际法主体行为的合法性存在限制条件，即必须建立在不损害其他国际法主体权益下，否则这些不加禁止的国家法行为如果给其他国际法主体造成了损害，其行为就转化为非法行为而应当承担国际赔偿责任。一些经济与发展组织的成员国也提出了国际赔偿责任是一国不善意履行适当努力（Due Diligence）的国际义务而引起的，这些国家的观点也证明了此种国际义务理论。

第一种是国际法不加禁止行为责任说，该理论主要是由国际法委员会提出并予以支持，认为国际赔偿责任是国际法不加禁止的行为所产生的责任。其观点的理论依据在于跨境行为的存在并且实践中很难辨别其合法性。而且随着国际法的发展，跨境行为的合法性也在不断变化，因此判别合法性在国际赔偿责任中显得并无意义。而依据国际法委员会的观点，国际赔偿责任的评判依据在于行为与后果之间的因果联系。国际上不加禁止的行为也分为两类，第一类是国际法文件中明确不予禁止与限制的行为，第二类是国际法中没有明确规定也没有明确禁止的行为。

第二种是损害赔偿责任说。该种理论本质上是将国际法中的赔偿责任类比民法中的侵权责任，认为判定国际赔偿责任的依据不再从行为主体的意识是否存在过错出发，而是其行为直接导致损害结果即可，属于国际法中的特殊侵权责任。

这些理论均存在一定合理性，但学界对此的争议也比较大。其中对第一种合法行为责任说的诟病主要在于该学说过于片面，没有考量国际法对一些行为合法性没有明文规定的情形。第二种危险责任说的问题主要在于对于可以引起国际赔偿责任行为的范围界定较为有限，因为只以危险性作为责任的依据，会致使一些可能承担责任的行为因其缺乏危险性而没有被列入其中，且该学说对于责任的性质和产生的全部原因未说明。

第三种违反国际义务说存在的缺陷在于其本质将赔偿责任行为区分为“行为本身”与“行为结果”。其中，行为本身不违法而行为结果违法。这样的理论存在的问题在于不符合基本法理，因为行为的违法性本质与是否造成损害结果无关，而与违反法律的禁止性与命令性条款有关，并以此为判别行为违法性的依据。基于此，法律才具备可预见性，即其行为是否违法在尚未造成损害结果之前即可预见。除此之外，该学说还存在的问题在于其认为行为的违法性与国际公约，如《国际油污损害民事责任公约》《设立国际油污损害赔偿基金公约》《国际海上运输危险和有毒物质造成损害的责任和赔偿公约》以及《国际燃油污染损害民事责任公约》等公约认定的不同。该理论认为行为只有违背义务才可能违法，而国际公约确立的赔偿责任则包括没有违背国际义务的情况。

第四种国际法不加禁止行为责任说很明智地回避了行为合法与否的问题，但其更多的是讨论责任的分担问题而不是损害责任。因此，国际法委员会在开展危险活动造成的跨界损害赔偿责任编纂工作中将专题中的“赔偿责任”一词改为“损失分担”，其后通过的《关于危险活动造成的跨界损害案件中损失分配的原则草案》也充分反映了国际法委员会对于这样更改的意思。因为损失分担不以责任制度为基础，本质符合赔偿责任的初衷与目的，即避免无辜受害者承担全部损失。

第五种损害赔偿责任说明确不再讨论行为的违法性问题，指出从结果上看，只要对无辜者造成一定损害即可构成国际侵权而承担责任。这样的理论的问题在于容易与不法行为引起损害的赔偿责任混淆，因为不法行为如果造成了损害，责任主体也应当在不能恢复原状的情形下进行责任赔偿。因此，“损害赔偿责任”的提法很大程度上缺乏精确性。显然，与不法行为引起的赔偿责任制度不同，国际赔偿责任中的责任主体是限额赔偿，即受害者只能获得部分补偿，其本质上是对损害结果的损失进行责任主体与受害者间的分担。

但无论是何种学说，不容置疑的是国际赔偿责任本质是权利冲突下的救济机制，是平衡受害人与责任人之间利益平衡的手段，即法律不加禁止行为造成的跨境损害是行为人的权利与受害者权利发生冲突的具象。

实践中国家从事一些危险活动，例如核能利用、石油开放、危险物质运输、外层空间和平探索等活动，不为国际法所禁止却可能造成越界损害的，通常情况下会提前就可能造成的损害及补偿缔结相应的条约。当然在这些条约当中补偿的义务是初级义务，也就是说如果不存在这样的条约，就不产生相应的义务。因此，现行国际赔偿制度下特定损害一般只引起补偿的义务而不是国家责任，因而也不产生请求停止活动等可能因责任而对应的权利。继而国家责任也是违背根据初级规则确定的现行义务的法律后果，属于次级规则。因此，国际赔偿责任与传统国家责任理论不同，其中国家责任在于纠正国际主体的不法行为以尽可能消除不法行为的一切后果，而国际赔偿责任的主要目的是分担损失，属于救济解决途径。但是国际赔偿责任与国家责任又存在一定联系，即如果有关国家违背赔偿责任协定规定的补偿义务，会引起该国的国家责任。

由于国际赔偿责任与传统国家理论基础及内容不同，国际法委员会将它列为一个单独的专题进行研究。2001年，国际法委员会完成这个专题的第一阶段工作，通过由序言和19条条文组成的《关于预防危险活动的越境损害的条款草案》，并建议联合国大会在该草案条款基础上制定一个公约。2002年，国际法委员会继续进行这个专题的责任方面的工作，直到2006年，国际法委员会通过由序言和8个条款组成的《危险活动所致跨界损害案件中损失分配原则草案》。目前联合国仍在征求各国政府对草案是否采取行动的意见阶段。

二、国际赔偿责任的构成要件

依据现行的国际习惯与国际实践，国际赔偿责任的构成要件主要包括三个方面：第一，责任主体。国际法上国际赔偿责任的责任主体遵循“谁造成损害谁赔偿”原则。即如果是私人行为造成的跨境损害，则实行由国家、私人进行分流制的赔偿责任。也就是说，造成损害的私人承担第一赔偿责任，但鉴于私人资金能力和赔偿能力极为有限，如果由私人行为造成了巨大国际损失的，应当由相关的行业基金赔偿。比如，国际上存在油污邮轮基金。如果基金会的赔偿能力仍然不能满足损害，则由私人所属的国家进行补充赔偿责任。这样有序的追责体系是为了通过分配正义、矫正正义确保国际法中正义价值的实现。第二，求偿主体。求偿主体包括受影响的个人、地方或者法人，国际上以此形成一种综合性的追责机制。当然，如果这样的追责机制效果不明显，因此为了便于实施就会由国家出面进行求偿。第三，归责原则，主要包括两种：1.过错原则，即有不法行为；2.国际法未加禁止的行为，类似于民法的严格责任。

其实，国际法未加禁止的行为原则理论发展距今已有七八十年的历史。随着国际法理论与实践的不断发展，落实责任主体也越来越明晰，以此减轻国家责任，让个人和企业也承担损失赔偿。简言之，国际法不加禁止行为包括四个要素：第一，有国际法不加禁止的行为存在；第二，国际法没有明确禁止；第三，行为造成了损害或者存在损害的风险；第四，行为和损害之间存在因果关系。国际社会通常基于这些要素评判某一国际法主体是否承担相应的跨境损害责任。

第十二章

国家战争法理论

传统国际法主要围绕战争与和平两个方面展开。因此，战争法在国际法体系中（尤其是古代国际法）是非常重要的一章。其中，战争权是战争法中最为重要的内容，网络军备是战争法军备控制章节中发展较快的部分。

第一节 | 导论

一、战争权

战争权又被称为“武力使用”，即国家、国际组织可以对外发动战争或对外宣战、参战的权力，简单来说就是在何种情况下可以使用武力手段。传统国际法中，使用武力是国际争端解决的主要手段，战争权也是国家基于主权可以行使的绝对性权力，这种绝对性权力也被称为国家拥有“诉诸战争权”。

战争法的起源和发展主要在西方国家，古代国际法中流行正义战争论（Just War Doctrine），该理论基于基督教的传统思想，认为如果国家以道义准则作为正当理由使用武力，那么就是正义的战争。正义战争理论的代表人物是圣奥古斯丁，他认为基督徒可以参与战争，如果战争是为了伸张正义和重建和平。正义战争理论经过不断发展，目前在国际法中被普遍认为包含了两个重要的构成要素：第一，使用武力的正当性（Jus Ad Bellum），包括使用武力的原因、动机、条件以及手段等因素；第二，战争手段的正当性（Jus In Bello），包括遵守战争法、适当性原则以及不伤害非战斗人员等基本的国际法原则。正当战争理论至今仍然为一些国际法学者、政治哲学家所推崇，代表人物有迈克尔·沃尔泽。格劳秀斯在其著名著作《战争与和平》中还列举了许多战争合法使用的适用情形。

但20世纪之后，国际社会已经开始反思和平解决国际争端的重要性，意识到发动战争的成本巨大，且结果不可逆，也不利于争端的有效解决，从而开始对战争权进行限制，包括1854年颁布了《关于限制海战的规则》，1864

年《关于陆战的日内瓦公约》，1899年以及1907年两次海牙会议都是对战争权限制的重要里程碑。其中，1899年第一次海牙和平会议缔结了《和平解决国际争端公约》，该公约规定各国应当尽力免除诉诸武力，采用和平的方式解决国际争端。参加此次会议的有中国、俄国、英国、美国、德国、日本、意大利等26个国家。但这次会议具有一定的有限性，只是在和平解决国际争端和战争法规编纂方面签订了3项公约和3项宣言（即《和平解决国际争端公约》《陆战法规和惯例公约》《关于1864年8月22日日内瓦公约的原则适用于海战的公约》《禁止从气球上或用其他新的类似方法投掷投射物和爆炸物宣言》《禁止使用专用于散布窒息性或有毒气体的投射物的宣言》《禁止使用在人体内易于膨胀或变形的投射物，如外壳坚硬而未全部包住弹心或外壳上刻有裂纹的子弹的宣言》）。

第一次海牙和平会议后，帝国主义国家军备竞赛愈演愈烈。在此背景下，第二次海牙和平会议于1907年6月15日—10月18日在海牙召开，包括第一次海牙会议全体参加国在内的44个国家的代表参加了会议。1907年的海牙公约进一步对国家的战争权进行了限制，并对斡旋和调停等作为和平解决国际争端的方法进行了详细的规定。"一战"之后，在和平运动的思潮下，《国际联盟盟约》历经26次修改，终于在1919年4月28日巴黎和会上通过，1920年1月20日正式生效。《国际联盟盟约》生效之后国际联盟才成立，因此，该盟约对国际联盟的运作具有十分重要的意义。值得注意的是，"一战"后，战争权并不是违法的权力，仍然是一种解决国际争端的可接受的手段。1919年的《凡尔赛和约》基本上确立了结束战争使用和平方式解决争端的重要思路，但该和约并没有从法律层面否定战争权。

但反对战争、渴望和平的世界愿望并没有因为国际联盟的成立而停止，1928年，各国在法国巴黎签署了《巴黎非战公约》，又被称为《关于废弃战争作为国家政策工具的一般条约》，该公约规定放弃以战争作为国家政策的手段和只能以和平方法解决国际争端或冲突。这是国际社会第一次禁止使用战争作为推行国家政策工具的法律文件。但该公约是建立在理想主义的国际关系理论下，且许多相关国家在签署与批准该公约时提出了许多保留条款。当时国际机制处于较弱的时期，所以该公约没有发挥实际作用，也并未起到禁止国家使用战争权的效果。之后的日本侵华战争以及德国在欧洲的大规模战争与屠杀都示意着该公约并未真正发挥明显效果。直至“二战”后，1945年《联合国宪章》中确立了禁止使用武力与武力相威胁原则，国际社会才处于相对和平的状态。但至今，国家使用战争权的案子依然存在，其中一部分原因在于宪章中允许国家在自卫权行使以及集体安全等问题上使用武力。另一部分原因在于西方国家提出了保护责任理论，认为在国际人道主义、反恐等问题上可以使用武力，这些理论本质上是正义战争论的再次发展与演变。

二、战争与武装冲突法

战争与武装冲突法是规定关于战争或武装冲突中可接受行为的法律，包括战争法也包括武装冲突法。其实，国际法中战争和武装冲突的概念有着本质的不同。第一，主体不同。从范围角度看，国际法上定义的战争主体必须是国家。而武装冲突英文名为arm conflict，其类型可以分为international arm conflict（国际武装冲突）与non-international arm conflict（非国际武装冲突）。其中international arm conflict指代国家间的武装冲突，其主体是国家。而non-international arm conflict的主体包括民族、宗教团体和叛乱团体等。第二，状态不同。战争是由武装冲突造成的一种法律状态。这种法律状态既包括武装冲突的事实存在，也需要交战方有交战的意思。相比之下，武装冲突仅仅是一种事实状态。第三，中立法适用不同。战争中交战双方和第三国存在明显的中立关系，可以适用中立法。但武装冲突中和第三方国的关系不适用中立法。第四，使用武力的程度不同。从以往国家实践看，战争规模较大并以宣战为起始标志，而武装冲突的规模较小。

国际法中的战争法主要包括两个方面。第一，关于战争的开始与结束以及调整交战国之间、交战国与中立国和非交战国之间法律关系、规则制度、原则的集合；第二是作战规则，包括使用武器、作战方法保护平民等原则。这些战争法规则主要来源于古老的国际习惯法规则，国际社会于19世纪中叶开始编纂关于国际法中的战争规则。

武装冲突法的概念是在战争权得以限制之后发展起来的。由于“二战”后很多国际武装冲突并没有达到国际法中要求的战争状态，因而国际社会普遍使用“武装冲突”这个概念。

战争法与武装冲突法的关系在于，两者都包括以下几个规则：第一，诉诸战争权，也即使用武力的规则，其中重要的部分在于使用武力的原因。现代国际社会，各国若使用武力，一般会与《联合国宪章》进行联系，说明原因。第二，战争中的规则，也即国际人道法。国际人道法可以更为详细地分为限制与保护。限制即使用武力时的限制，而保护是指对于战争中的人民与物品进行一定的保护。第三，战争后的规则。即如何进入与维持和平稳定的秩序，以及对战争中的犯罪人进行审判。

三、限制使用武力的困境与挑战

“一战”之后，限制战争权已然成为国际社会的主旋律，“二战”后，《联合国宪章》更是确立了禁止使用武力和武力相威胁原则，将战争权的适用条件限制在极为有限的情形下，主要包括自卫权行使、自决权行使以及安理会的集体安全行动，这也构成了当今国际社会的战争权体系。但这样的体系随着国际法的发展，面临着新的挑战。

第一，预先性自卫的挑战。预先性自卫是指一个国家对还没有实际开始但合理地认为已迫在眼前的武力攻击使用武力。预先性自卫的合法性问题在国际法上存在争议。持肯定说的学者认为，预先性自卫的合法性基于国际习惯的确认，同时现代大规模杀伤性武器特别是核武器的发展给予预防性自卫必要性。持否定说的学者则认为，预先性自卫对“二战”后的武力使用法体系构成了威胁，体现在：1.违背《联合国宪章》中确立的禁止使用武力和武力相威胁的基本原则。2.突破《联合国宪章》所确立的自卫权前提。依据《联合国宪章》第51条，自卫权行使的前提条件是“受到武力攻击”。而预先性自卫把这一较为明确的客观标准改成了相当主观臆想成分的独断标准，可能会造成国家战争权的变相恢复。

第二，武力打击恐怖主义的挑战。这存在两个层次的问题。首先，恐怖主义行为是否构成战争就使武力使用法面临新的问题。“9·11”事件之后，美国总统布什向其全国发表的电视讲话中将恐怖分子的攻击行为称为“战争行为”（Act of War）。但国际法上的战争要求敌对国家之间经过宣战并达到一定程度或规模的暴力冲突。因此，恐怖主义不符合传统国际法对战争的主体资格要求。其次，武力打击恐怖主义对《联合国宪章》所确立的自卫规则形成挑战。“9·11”事件后，美国曾以打击恐怖主义为名发动对阿富汗塔利班政权的军事攻击，美国的一些盟国也加入了这场所谓的“自卫战争”，但这不符合《联合国宪章》中自卫对象与武力攻击实施者相一致的要求。依照《联合国宪章》的规定，自卫应当直接指向武力攻击实施者，但美国却将阿富汗作为自卫的对象，因为阿富汗庇护了策划实施恐怖活动的本·拉登及其组织。

第三，单边人道主义干涉的挑战。对联合国安理会是否有权进行人道主义干涉，国际上长期以来存在争议。《联合国宪章》第2条第7项既规定了联合国对一国主权的尊重，也强调安理会在维护国际和平与安全方面的职责。但安理会对一国人道危机采取缓和与制止的行动，到底是国际社会对影响国际和平与安全的正当关切，还是对一国内政的干涉，客观上主要取决于这种人道危机是否对国际和平与安全具有超越国界的威胁，主观上取决于国际社会依据什么标准或安全观来判断。否定单边人道主义干涉的学者认为，安理会依《联合国宪章》第7章对国际安全威胁采取行动，在国际法上被视为合法行为。但如果对国家的人道危机进行干预则往往受到合法性质疑，违背《联合国宪章》的不干涉内政原则，是以联合国的一种宗旨对抗另一种宗旨。

第二节 | 国际人道法

一、国际人道法概念

国际人道法也被称为国际人道主义法或人道主义法，指通过限制国际和非国际武装冲突作战手段和方法，保护可能或者已经受到武装冲突危害的人员和财产。国际人道法的核心要义在于保护与限制，其界定层面包含了四个重要要义。第一，国际人道法是国际法规则体系中的组成部分，以条约和习惯作为主要表现形式；第二，国际人道法适用的前提条件是存在国际性或非国际性的武装冲突；第三，国际人道法存在的目的是满足人类在武装冲突条件下的人道要求；第四，国际人道法的主要内容是限制作战的手段和方法，从而保护可能受到或已经受到武装冲突不必要危害的人员和财产。

国际人道法的创始阶段和红十字会的成立密不可分。1863年，在亨利·杜南的倡导下，红十字国际委员会成立。次年8月，红十字会在日内瓦举行会议，签署了《改善战地武装部队伤者病者境遇之日内瓦公约》(即《红十字会公约》)。该公约为人道法规则观念形成奠定了基石。“国际人道法”的概念于20世纪50年代开始使用，是在日内瓦四公约召唤背景下正式形成的。红十字国际委员会在1956年提交给国际红十字会议的文件《关于限制战时平民居民所遭受的危险的规则草案》中使用了“国际人道法”这一概念。1971年，红十字国际委员会召开“关于重申和发展适用于武装冲突的国际人道法政府专家会议”之后，“国际人道法”这一概念被广泛使用。

二、国际人道法体系

目前国际人道法主要由两大体系构成，以“保护”为重点的日内瓦法体系和以“限制”为核心的海牙法体系。其中，1949年日内瓦四公约体系内容包含1864年、1906年、1929年和1949年在日内瓦签订的一系列公约，这些公约目的在于保护战争和武装冲突中的受难者。海牙公约体系是基于1868年的《圣彼得堡宣言》基础上在海牙编纂的战争法和惯例，尤其是1899年和1907年两次海牙会议制定的关于战争的条约和宣言，这些文件主要是对作战手段和方法进行限制。1977年日内瓦公约体系附加了两份议定书，标志着日内瓦公约体系与海牙体系合流而不再分立，因为其中第一议定书确立了国际武装冲突应当遵守的规则，而第二议定书则对非国际武装冲突确立了规则。此两份议定书很多内容是海牙体系的作战规则。之后，日内瓦公约体系还附加了第三份议定书，但该议定书内容主要围绕着国际人道法，而与战争法与武装冲突法的联系并不紧密。1996年，国际法院关于使用核武器的合法性问题给出的咨询意见中就强调了两大体系的紧密关系以及在武装冲突中的重要作用。这两大体系也逐渐发展为今天的国际人道主义法，因而日内瓦四公约与两个议定书成为当今国际人道法的主要内容与渊源。

国际人道法的主体是交战者和平民。其中，交战者指交战双方的武装部队，包括正规军和非正规军，正规军又涵盖交战国武装部队的全部战斗员和非战斗人员。依据1907年《陆战法规和惯例公约》，武装部队符合三个构成要件。第一，由政府或当局负责的司令部统率；第二，受内部纪律制度制约；第三，强制遵守国际法规则。武装部队中除了医生和牧师都属于战斗人员。非正规武装部队主要涵盖民兵、志愿军和游击队等战斗力量。关于平民的含义，国际人道法并没有明确的规定，国际实践中主要是通过排除战斗人员从而间接判断是否是平民。日内瓦公约《第一附加议定书》中第50条第1款肯定了排除法的方式定义平民的标准：“遇有对任何人是否平民问题有怀疑时，这样的人应当视为平民。”比如，战地记者应当被视为平民。

国际人道法限制作战手段的方法原则主要有区分原则、保护原则、比例原则以及条约无规定不解除当事国义务原则。区分原则是指在战争和武装冲突中对平民和武装部队、战斗人员与非战斗人员区别对待，把民用物体和军事物体进行区别；保护原则指战争中不仅应当保护非战斗人员、战争受难者和平民，也应当对战斗人员进行人道待遇；比例原则要求国家采用手段和追求的目的达到适当、正当、合理的比例关系，在武力使用上要求军事必要和人道主义之间达成平衡；条约无规定不解除当事国义务原则是指交战国的行为要受到国际条约、国际习惯、人道原则的约束和调整，这在1899年海牙公约和1907年海牙公约的序文中都有所体现，即平民和战斗人员仍受国家间制定的人道主义法规、惯例和国际法原则的保护与管辖。其中，区分原则与比例原则的关系在于，当平民与军事目标不可区分时，不得不违背区分原则时，应当尊从一定的比例。

简言之，人道原则要求作战时先考量武器再考量作战手段，以避免滥杀滥伤。因而国际人道法对作战手段和方法限制的主要内容有：第一，禁止使用具有过分伤害和滥伤作用的武器，像生化武器、核武器等；第二，禁止使用不区分平民和交战人员、军事目标与非军事目标的武器和作战方法；第三，禁止使用改变环境的作战手段与方法，例如，可能引起地震、海啸等自然灾害或破坏生态平衡、破坏气候环境等的作战手段与方法是禁止的；第四，禁止违背诚实信用的作战手段与方法，如乘人之危等；第五，禁止虐杀俘虏、伤病员等，否则可能违背国际强行法等内容而承担国际责任。

参考文献

1.［奥地利］凯尔森：《法与国家的一般理论》，商务印书馆2013年版。

2.何志鹏：《国家利益维护：国际法的力量》，法律出版社2018年版。

3.蓝茵茵：《国家主权违约对外商直接投资的影响研究》，中国社会科学出版社2018年版。

4.齐静：《国家豁免立法研究》，人民出版社2016年版。

5.严文君：《主权债务违约的国家豁免问题研究》，中国政法大学出版社2020年版。

6.贾兵兵：《国际公法：理论和实践》，清华大学出版社2009年版。

7.陆寰：《国家豁免中的商业例外问题研究》，武汉大学出版社2016年版。

8.慕亚平、慕子怡：《国际法原理（修订版）》，中山大学出版社2019年版。

9.王肃之：《网络犯罪国际立法原理》，社会科学文献出版社2022年版。

10.纪林繁：《不得援引国家豁免的商业交易诉讼研究》，法律出版社2016年版。

11.张乃根：《国际法原理》，复旦大学出版社2012年版。

12.赵可金：《全球治理导论》，复旦大学出版社2022年版。

13.［英］安德鲁·赫里尔：《全球秩序与全球治理》，中国人民大学出版社2018年版。

14.蔡拓：《全球学与全球治理》，北京大学出版社2017年版。

15.靳诺：《全球治理的中国担当》，中国人民大学出版社2017年版。

16. 邓可祝：《政府环境责任研究》，知识产权出版社2014年版。

17. 涂俊：《企业环境责任批判与重构》，中国政法大学出版社2015年版。

18. 贺思源：《环境侵害国家赔偿责任研究》，中国政法大学出版社2015年版。

19. 薛刚凌：《国家赔偿法》，中国政法大学出版社2011年版。

20. 鲁洋：《条约仲裁权的边界研究》，中国政法大学出版社2021年版。

21.［英］奥斯特著，江国青译：《现代条约法与实践》，中国人民大学出版社2005年版。

22. 高健军：《国际海洋法》，法律出版社2022年版。

23. 胡斌：《海洋法公约视角下公海保护区建设困境与对策》，中国社会科学出版社2022年版。

24.［英］亨利梅茵著，陈刚译：《国际法法律史学者视角下的国家主权、海洋权利和战争规则》，商务印书馆2022年版。

25. 马忠法：《法律、商业与社会》，上海人民出版社2017年版。

26. 文丰：《历史与权利》，中国海洋大学出版社2020年版。

27.［荷兰］格劳秀斯，马忠法译：《论海洋自由或荷兰参与东印度贸易的权利》，上海人民出版社2013年版。

28.［美］迈克尔 沃尔泽著，任辉献译：《正义与非正义战争：通过历史实证的道德论证》，社会科学文献出版社2015年版。

29. 于丽娜：《人道主义物流》，首都经济贸易大学出版社2021年版。

30. 安国胜：《外国在华领事裁判权史稿》，中国政法大学出版社2014年版。

31. 张爱宁：《国际人权法专论》，法律出版社2006年版。

32. 肖君拥：《国际人权法讲义》，知识产权出版社2013年版。

33. 黄志慧：《人权保护对欧盟国际私法的影响》，法律出版社2018年版。

34. 张爱宁：《平等和不歧视弱势群体人权保护国际标准研究》，世界知识出版社2021年版。

35. 葛勇平：《国际组织法》，知识产权出版社2020年版。

36. 江河：《国家主权外在强化的法理逻辑：非歧视原则与普惠制的关联论》，载《南大法学》2022年第5期。

37. 刘志云：《国家利益、外交政策与国际法》，载《武大国际法评论》2014年第2期。

38. 张发林：《现实制度主义：一种国际关系理论的合成》，载《国际政治研究》2022年第4期。

39. 龚中航：《基于主权原则的跨国在线审判正当性构建》，载《求索》2022年第6期。

40. 蔡翠红：《云时代数据主权概念及其运用前景》，载《现代国际关系》2013年第12期。

41. 曾令良：《论诚信在国际法中的地位和适用》，载《现代法学》2014年第4期。

42. 李虎：《个人、集体与国家领土—当代领土权理论研究的问题和路径》，载《社会科学战线》2021年第2期。

43. 陈韶阳、郑清予：《美国海洋思维剖析及对中国海洋强国建设的启示》，载《太平洋学报》2021年第4期。

44. 韩永利、丁丹：《论经济合作对欧盟边境制度的促进》，载《武汉大学学报（人文科学版）》2015年第2期。

45. 黄裕生：《现代国家的双重身份与未来可能的世界体系的建构原则——一个纯理论的分析与猜想》，载《清华大学学报（哲学社会科学版）》2023年第1期。

46. 张恒山：《论权利之功能》，载《法学研究》2020年第5期。

47. 姜明安：《完善软法机制，推进社会公共治理创新》，载《中国法学》2010年第5期。

48. 董世杰：《国际海底区域采矿活动与铺设海底电缆之间适当顾及义务的履行》，载《国际法研究》2023年第1期。

49. 陈慧春：《国际海底区域矿产资源开发中的“合理顾及”义务研究》，

载《社会科学家》2021年第12期。

50. 高志平、郭温玉：《不结盟运动与新中国恢复在联合国合法席位》，载《社会科学战线》2022年第9期。

51. 张斐晔、蔺紫鸥：《重返联合国：中国外交的一个重大胜利》，载《光明日报》2021年第5版。

52. 耿召：《政府间国际组织在网络空间规治中的作用：以联合国为例》，载《国际观察》2022年第4期。

53. 何银：《联合国维和行动成功的条件——以东帝汶维和行动为个案》，载《外交评论（外交学院学报）》2022年第3期。

54. 王博：《欧洲近代早期战争权学说中的商业理由——从维多利亚到格劳秀斯》，载《学术月刊》2022年第12期。

55. 孙宪忠：《法律行为理论纲要》，载《法治社会》2022年第6期。

56. 徐崇利：《中美实力变迁与国际经济立法模式的走向："规则—契约"谱系下的制度选择》，载《法学家》2020年第5期。

57. 蒋小红：《欧盟法的域外适用：价值目标、生成路径和自我限制》，载《国际法研究》2022年第6期。

58. 黄志慧：《论身份关系跨国承认制度的治理功能》，载《清华法学》2022年第4期。

59. 聂鑫：《公私协力传统与中国近代福利国家的起源》，载《政法论坛》2022年第5期。

60. 张乃根：《论当代中国国际法基本理论的传承与创新》，载《国际法研究》2022年第6期。

61. 张海文：《中国的海洋法实践：历史与现状》，载《国际法研究》2022年第6期。

62. 刘衡：《中国关于国际海洋争端解决的政策与实践》，载《国际法研究》2022年第6期。

63. 王德志：《论宪法与国际法的互动》，载《中国法学》2019年第1期。

64. 张乃根：《试析人类命运共同体视野下的国际立法—以联合国国际法委员会晚近专题为重点》，载《国际法学刊》2020年第1期。

65. 彭芩萱：《人类命运共同体的国际法制度化及其实现路径》，载《武大国际法评论》2019年第4期。

66. Mark Janis, John Noyes, Leila Sadat, *International Law: Cases and Commentary*, West Academic Publishing, 2020.

67. Samantha Besson, *Due Diligence in International Law*, Brill Nijhoff, 2023.

68. Tracy H. Slagter, *Fundamental Perspectives on International Law*, Cambridge University Press, 2023.

69. Paul B. Stephan, *The World Crisis and International Law*, Cambridge University Press, 2023.

70. Yue Xu, Hongsong Liu, “The power of building parallel institutions: How China’s new strategy advances global governance reform”, *Asian Perspective*, Vol.46, No.4, 2022, pp.710–722.

71. Mariano E. Bertucci, “Habits and Policy: The Social Construction of Foreign Policy-making Processes”, *International Studies Review*, Vol.23, No.4, 2021, pp.1256–1269.

72. Randolph B. Persaud, Ideology, “Socialization and Hegemony in Disciplinary International Relations”, *International Affairs*, Vol.98, No.1, 2022, pp.121–125.

73. DiGiuseppe, Patrick E. Shea, “Alliances, signals of support, and military effort”, *European Journal of International Relations*, Vol.27, No.4, 2021: 1073–1081.

74. George Kyris, “State recognition and dynamic sovereignty”, *European Journal of International Relations*, Vol.28, No.2, 2022, pp.293–310.

75. Melinda Haas, Keren Yarhi-Milo, “To Disclose or Deceive? Sharing

Secret Information between Aligned States” , *International Security*, Vol.45, No.3, 2020, pp.145–160.

76. Amy King, “Power, shared ideas and other transition: China, the United States, and the creation of thc Brctton Woods order” , *European Journal of International Relations*, Vol.28, No.4, 2022, pp.921–929.

图书在版编目(CIP)数据

国家视野下的国际法理论研究 / 方熠著. —北京：中国法制出版社，2023.3

ISBN 978-7-5216-3329-0

Ⅰ.①国…　Ⅱ.①方…　Ⅲ.①国际法-法的理论-研究　Ⅳ.①D990

中国国家版本馆CIP数据核字(2023)第038011号

策划编辑：赵宏

责任编辑：冯运　　封面设计：杨鑫宇

国家视野下的国际法理论研究

GUOJIA SHIYE XIA DE GUOJIFA LILUN YANJIU

著者 / 方熠

经销 / 新华书店

印刷 / 北京虎彩文化传播有限公司

开本 / 710毫米×1000毫米　16开　　印张 / 13.5　字数 / 205千

版次 / 2023年3月第1版　　2023年3月第1次印刷

中国法制出版社出版

书号 ISBN 978-7-5216-3329-0　　定价：59.00元

北京市西城区西便门西里甲16号西便门办公区

邮政编码：100053　　传真：010-63141600

网址：http://www.zgfzs.com　　**编辑部电话：010-63141832**

市场营销部电话：010-63141612　　**印务部电话：010-63141606**

（如有印装质量问题，请与本社印务部联系。）